청소년을 위한 광고 에세이

.

정상수 교수가 알려주는 광고로 세상을 읽는 지혜

청소년을 위한
광고
에세이

정상수 지음

청주대학교 광고홍보학과 교수

광고에 둘러싸여 살아가는 여러분에게

"우리가 호흡하는 공기는 산소와 질소, 그리고 광고로 되어 있다."

프랑스의 언론인 로베르 궤링(Robert Guerin)의 말입니다. 그렇습니다. 우리는 살면서 광고에서 벗어날 수가 없습니다. 지하철에서도, 뉴스에서도, 인터넷 강의에서도 광고가 인사합니다.

광고에는 여러 가지 종류가 있어요. 흔히 마주치는 기업의 광고와 정부나 기관에서 하는 광고, 그리고 공익광고가 있지요. 유치한 광고도 있고, 정말 재미있어서 다시 한번 보게 하는 것도 있고요. 나의 삶에 도움을 주는 것도 있고, 시간을 뺏는 것도 있습니다.

그래서 한번 알아보기로 했습니다. 광고가 어떻게 시작됐는지, 도대체 왜 광고를 하는지, 마케팅과는 무엇이 다른지, 어떻게 기발한 아이디어를 내는지, 유명한 광고인들이 어떤 도움말을 주었는지, 요즘 인기 많은 인플루언서 광고에는 어떤 것이 있는지, 혹시 윤리적으로 문제 있는 광

고는 없는지, 마지막으로 만일 광고 쪽으로 진출한다면 전망이 어떨지 등까지 이야기해 보려고 합니다.

광고의 목적은 설득입니다. 나의 아이디어를 상대에게 전해서 동의를 얻는 일이지요. 꼭 제품이나 서비스를 광고하는 것만은 아닙니다. 광고를 공부하면 같은 메시지라도 조금 더 부드럽게 효과적으로 상대에게 전달하는 방법을 배울 수 있답니다. 남들 앞에 나가 자기소개를 하거나, 과제를 발표하거나, 공모전에 아이디어를 낼 때 유용하겠지요.

이 책에는 광고에 둘러싸여 살아가는 여러분이 알아두면 좋은 이야기를 담았습니다. 공부와 일상생활에 도움을 얻길 바랍니다.

2022년 12월

정상수

1장 광고란 무엇인가

2장 광고, 소비자의 마음을 움직이다

3장 가장 오래된 광고부터 디지털 광고까지

4장 광고에도 윤리가 필요하다

5장 광고인을 꿈꾸는 청소년들에게

1장

광고란
무엇인가

1

번개장터에서 물건을 팔 때도
광고가 필요하다

광고란 무엇일까요?

어젯밤에 본 광고가 기억나나요? 어떤 광고였죠? 도시를 질주하는 멋진 자동차 광고? 바르면 매력적으로 보이게 해준다는 립스틱 광고? 북유럽 전설 속의 캐릭터가 등장한 신작 게임 광고? 어떤 광고를 기억하건, 광고는 우리에게 참 강력한 인상을 줍니다. 광고 속 제품들은 바로 갖고 싶을 정도로 멋있게 보여지죠.

광고는 왜 그렇게 멋진 모습만 보여줄까요? 광고의 목적은 바로 '판매'이기 때문입니다. 아무리 좋은 제품을 개발했어도 판매하지 못하고 창고에 쌓아두고 있으면 기업은 파산하겠지요. 그러니까 제품의 좋은 점을 소비자에게 널리 알려야 합니다. 그렇게 '널리 알리는 일'이 광고의 정의랍니다. 한자를 살펴보면 '광고(廣告)'에서 광(廣)은 '넓다'는 뜻이고, 고(告)는 '알린다'는 뜻입니다. 광고는 어떤 메시지를 '세상에 널리 알린다'는 뜻이지요. 영어로는 '애드버타이징(advertising)'이라 합니다. 라틴어 '아드버테어(advertere)'라는 말에서 나왔는데, '돌아보게 하다' '주의를 돌리다'라는 뜻이라고 해요.

그러니까 무심한 소비자가 고개를 돌려 제품에 주의를 기울이게 하는 일이죠. 쉬운 일은 아니겠네요. 현대의 소비자는 정말 바쁘거든요. 한가롭게 광고 메시지에 주의를 기울일 시간이 없답니다. 그래서 광고는 무조건 소비자의 주의를 끌어야 합니다. 그렇지 못한 아이디어는 "깜깜한 밤에 항해하는 배처럼 아무도 모르는 사이에 우리 곁을 지나가 버린다." '광고의 아버지'라 불리는 전설적인 미국의 카피라이터 데이비드 오길비의 말입니다.

광고의 사전적 정의는 '기업이 상품이나 서비스에 대한 정보를 여러 가지 매체를 통하여 소비자에게 널리 알리는 의도적인 활동'입니다. 좋은 제품을 소비자에게 널리 알린다는 것은 알고 있었는데, 여러 '매체'를 통하여 알린다고 하네요.

여기서 '매체(媒體)'란 어떤 메시지를 담아 전달하는 수단을 말합니다. '매(媒)'는 양쪽을 연결해 주어 중매한다는 뜻입니다. 요리를 예로 들면, 음식이 메시지라면 매체는 그것을 담는 그릇이라 할 수 있겠지요. 영어로는 '미디어(media)'라고 하죠. 따라서 광고에서의 여러 매체란 TV, 라디오, 신문, 잡지, 옥외 광고판, 인터넷 등 광고를 담아 전달할 수 있는 모든 광고 전달 수단을 말하는 것입니다. 그러한 여러 매체는 엄청나게 많은 이들에게 메시지를 전할 수 있어서 '대중 매체' 혹은 '매스미디어

(mass media)'라고 부르는 것이랍니다. 이를 광고에서는 '광고 매체'로 활용하는 것이지요.

📢 광고는 누가 할까?

광고는 주로 기업이 합니다. 제품이나 서비스를 소비자에게 알리는 데는 광고가 가장 효과적이기 때문입니다. 기업은 광고를 함으로써 자사 제품의 매출을 올려 수익을 내지요.

꼭 기업만 광고를 하는 것은 아닙니다. 개인이 쓰던 물건을 번개장터에 내놓을 때도 광고는 꼭 필요합니다. 아니면 아무도 모를 테니까요. 상황을 하나 상상해 봅시다. 주변의 잡음을 없애주는 노이즈 캔슬링 이어폰을 팔려고 합니다. 이미 갖고 있는데, 얼마 전 생일 선물로 받아 하나를 처분하려 하지요. 그런데 올린 지 며칠이 지났는데도 사겠다는 사람이 나타나지 않네요. 뭐가 문제일까요? 이런! 사람들이 제 이어폰을 잘 보지 않아요. 사용감도 없고 빨리 팔려고 가격도 파격적으로 낮추었는데 반응이 없네요. 왜 구매자들의 시선을 끌지 못했을까요?

자, 그렇다면 제품을 사려는 사람의 마음을 다시 한번 잘 헤아려보아야 하겠습니다. 빨리 팔려고 가격을 알아서 미리 낮추었는데 반응이 없는 이유는 무엇일까요? 문제가 하나 있었네요. 번개장터에는 중고물품이 올라오니까 거기에서 물건을 구매하려는 사람들은 가격을 가장 민감하게 따질 것이라 생각했던 것이죠.

세상의 모든 사람들이 가격이 낮은 것을 좋아하는 것은 아닐 수도 있습니다. 저렴한 가격을 선호하지만 그와 동시에 물건의 상태도 좋아야 하지요. 경제학의 원리대로 누구나 '최소의 비용으로 최대의 효과'를 기대하거든요.

그래서 반대로 접근해 보았습니다. 판매할 물건의 성능과 상태에 자신이 있으니 가격을 오히려 조금 높이면 어떨까요? 그랬더니 바로 팔렸답니다. 제품의 좋은 점을 널리 알리는 광고의 필요성을 다시 한번 깨닫게 되었지요. 이처럼 광고는 개인에게도 유용하답니다.

📢 광고는 왜 하는 걸까요?

광고하기 전에 이번 광고를 왜 하는지를 미리 잘 생각해 보아야 합니다. 제품의 수명 주기나 마케팅 상황에 따라 광고의 목적이 완전히 달라지기 때문입니다. 마케팅 학자 론 카츠(Ron Kaatz)는 『광고와 마케팅 체크리스트(Advertising and Marketing Checklists)』란 책에서 광고를 하는 이유가 서른세 가지나 있다고 설명합니다. 중요한 몇 가지만 알아볼까요?

첫째, 광고를 하는 가장 일반적인 이유는 새로운 소비자를 끌어들이는 것입니다. 제품이 아무리 좋아도 소비자가 경쟁사 제품만 사용하고 있다면 그들을 대상으로 광고해야겠지요.

둘째, '제품을 다른 식으로 사용하는 방법을 알리기 위해' 광고를 합니다. 그냥 먹어도 맛있는 과자이지만 더 이상 팔리지 않을 때, 냉동고에 얼렸다가 먹으면 더욱 맛있다고 광고하는 거죠. 소비자가 그렇게 해서 먹어보고 새로운 맛을 느껴 다시 많이 사준다면 성공입니다.

셋째, '제품을 바꾸어 쓰는 빈도를 늘리기 위해' 광고를 하기도 합니다. 한 가지 스킨로션을 계속 써도 좋지만, 아침에 쓰는 로션과 외출할 때, 잠자기 전에 쓰는 로션은 달라야 한다고 권유하는 것처럼요. 여러분은 '왜 머리에는 샴푸를 쓰고 몸에는 보디워시를 써야 할까?' 하고 생각해 본 적 없나요? '법으로 정해진 것도 아닌데 꼭 그래야 하나? 결국 둘 다 계면활성제가 주성분 아닌가?' 하고 말이죠.

넷째, '제품의 단점을 장점으로 보이도록 하기 위해' 광고를 하기도 합니다. 폭스바겐의 2인승 자동차 광고가 대표적인 예지요. 이 광고에서는 범죄 현장이 재연됩니다. 깜깜한 밤, 숲속 외딴곳에 작은 승용차가 주차되어 있습니다. 주인공이 운전하려고 시동을 거는 순간, 뒷자리에 숨어 있던 괴한이 뒤에서 주인공의 목을 밧줄로 조르죠. 그 순간 카피 한 줄이 떠오르며 광고가 끝납니다. '2인승 폭스바겐 출시!'

이해하셨나요? 네다섯 명이 타는 보통 승용차에 비해 2인승 승용차는 차 내부가 좁지요. 이것은 일반적으로 단점으로 부각되기 쉽습니다. 하지만 폭스바겐은 이를 오히려 장점이라고 광고하기로 한 것이에요. 이처럼 광고는 단점을 장점으로 보이도록 하는 역할도 합니다.

다섯째, 어느 기업은 매출이 꾸준히 오르고 있어 광고할 필요가 없는데도 경쟁사가 갑자기 광고 물량을 늘리는 바람에 그에 대응하려고 광고를 합니다.

여섯째, 때로 올해 쓰기로 했던 광고비가 남아서 연말 안에 모두 지출하기 위해 갑자기 광고를 기획하여 집행하기도 하죠.

일곱째, 기업은 홍보와 무관하게 직원들의 사기를 높이기 위해 광고를 하기도 한답니다.

번개장터 중고거래를 위해 이 모든 것을 알 필요는 없겠지요. 하지만 우리가 무심코 넘기는 광고가 제품이나 서비스를 알리기 위해 무턱대고 하는 것이 아니란 점을 알 수 있습니다. 무슨 일에나 목적이 있으니까요. 한마디로 말하면, 제품의 수명 주기나 마케팅 상황에 따라 광고를 하는 이유가 완전히 달라지므로 세심하게 기획해야 한다는 것이지요.

🔖 토론해 봅시다

1. 최근에 본 광고 중 기억에 남는 광고는 무엇이었나요? 광고를 보고 해당 제품이나 서비스를 구매하고 싶다는 생각이 들었다면 어떤 점 때문에 그랬는지 이야기해 봅시다.

2. 중고물품 판매 앱에 물건을 올려본 적이 있나요? 그때 물건을 잘 팔기 위해 어떤 점에 신경 썼는지 이야기해 봅시다.

3. 광고에 나오는 정보가 유용했던 적이 있나요? 제품의 색다른 사용법이나 기능 등을 알려주는 광고가 있다면 이야기해 봅시다.

2

기업은 물론 소비자와 사회에
도움이 되는 광고

광고는 기업에만 좋은 거 아닌가요?

여러분은 어떤 광고를 좋아하세요? 멋진 모델이 등장하는 광고? 화면 그래픽이 세련된 광고? 좋아하는 음악이 나오는 광고?

그럼 어떤 광고를 싫어하시나요? 저는 시끄러운 광고, 믿음이 가지 않는 광고, 디자인이 세련되지 않고 조악한 광고를 싫어합니다. 아, 하나 더 있어요. 화면도 예쁘고 모델도 멋지고 음악도 좋은데 무엇을 이야기하는지 도대체 알 수 없는 광고죠. 저는 그런 광고는 낭비라 생각합니다. 기업과 소비자 모두에게 도움이 되지 않을 테니까요. 저와 같은 생각 때문에 광고를 좋아하지 않는 사람도 있습니다. 또 광고는 단순히 기업의 장사를 위한 활동이니 좋아할 이유가 없다고 말하는 사람도 있습니다. 그러나 광고는 광고를 집행하는 기업과 소비자 모두에게 도움이 된답니다.

기업에게는 광고가 어떻게 도움이 될까요? 우선 기업은 광고를 함으로써 엄청난 시간과 비용을 들여 개발한 제품을 짧은 시간 안에 소비자에게 소개할 수 있습니다. 광고를 만나는 소비자에게 좋은 제품이라는 이미지를 심어줄 수 있죠. 그래서 과거 미국에서는 'TV에 광고하는(AS SEEN ON TV)'이란 스티커를 제품에 붙여서 판매하기도 했답니다. 광고 비용 높은 TV에 아무나 광고를 할 수 있는 것은 아니라고 자랑하는 것이지요.

또 광고를 집행해서 기업의 이미지가 좋아지면 그 기업의 자본 가치가 올라갑니다. 기업은 그렇게 만들어진 좋은 이미지를 바탕으로 새로운 시장을 만들어낼 수 있지요.

광고를 통해 기업에 대한 인식이 좋아지면 최고의 인재들이 모인다는 장점도 있습니다. 급여를 많이 주는 기업을 누구나 좋아하겠지만, 요즘

의 인재들은 기업의 이미지를 더 중요하게 여기는 경우가 많습니다.

일본 국철(Japan Railway)은 딱딱한 기업 이미지로 유명했는데, 감성적인 광고 캠페인을 통해 젊은 인재들의 입사 희망 순위 1위의 회사로 변신했답니다. 일본 국철은 고속열차인 신칸센을 광고하면서 성능이나 속도를 자랑하는 대신 '만나는 것이 제일입니다'라는 슬로건을 앞세운 광고 캠페인을 집행했지요.

이 캠페인은 누구나 공감할 수 있는 스토리를 시리즈로 만들어 인기를 얻었습니다. 여름방학을 맞아 생전 처음 부모님과 떨어져 기차를 타고 시골 할아버지 댁에 찾아가는 용감한 형제의 이야기나 시골에서 혼자 고속열차를 타고 대도시 도쿄로 유명 가수의 콘서트를 보러 가는 소녀의 이야기 등이 많은 사람들의 마음을 움직였습니다. 딱딱한 철도 회사의 이미지가 그 광고 캠페인으로 완전히 말랑말랑하게 바뀌었지요. 젊은 인재들이 '아, 나도 저 회사에 입사해서 사람들의 만남을 도와주는 기쁨을 누리고 싶다'는 마음을 갖게 한 것입니다.

📢 브랜드 이미지를 높여주는 광고

요즘은 수익 창출에서 나아가 브랜드 이미지 개선을 위해 하는 광고도 많습니다. 공장에서 나온 밋밋한 제품을 매력적인 유명 브랜드로 만들어주는 광고죠. 그것도 전 세계적으로 인기 있는 글로벌 브랜드로 만드는 걸 목표로 합니다. 시장에서 1만 원이면 살 수 있는 청바지도 글로벌 브랜드가 되면 1백만 원 이상 주어야 살 수 있는 청바지로 변신하지요. 하버드대학은 그냥 대학이 아닙니다. 세계 학생들의 마음에 좋은 이미지를 품게 한 브랜드죠.

여기서 한 가지 궁금한 것이 있을 것입니다. '제품'과 '브랜드'는 무엇이 다를까요? 제품은 공장에서 나온 물건 자체를 말합니다. 그런데 브랜드는 좀 추상적인 개념으로 '제품과 소비자가 맺은 관계'를 말한답니다. 다시 설명하면, 제품은 눈으로 볼 수 있고, 브랜드는 볼 수 없는 것이지요. 기업이 좋은 제품을 개발하여 소비자에게 선을 보였다 해도, 그냥 제품으로 머무르면 곤란합니다. 제품이 브랜드로 발전하여 소비자와 오랫동안 좋은 관계를 맺어야죠. 그래서 모든 제품은 브랜드, 특별히 유명 브랜드가 되려고 합니다.

몇 마디 주고받지 않았는데 무언가 끌리는 사람이 있지요. 매력이 있는 사람입니다. 그런 사람은 기회가 되면 다시 만나고 싶고, 이야기를 나누고 싶어집니다. 묘한 매력을 갖고 있으니까요. 기업도 마찬가지입니다. 따지고 보면 꼭 그 기업의 제품이 좋아야만 호감이 생기는 것은 아닙니다. 자기만의 매력을 갖고 있으면 소비자에게 오래오래 사랑을 받습니다. 광고는 그런 고유한 매력을 만들고 유지하는 역할을 합니다. 기업이 광고에 막대한 비용을 들이는 이유 중 하나죠.

잠깐! 여러분은 브랜드가 될 수 없을까요? 될 수 있습니다. 브랜드는 공장에서 나온 제품만 해당하는 것은 아니니까요. 현대생활에는 개인 브랜드가 참 중요합니다. 지구상의 수많은 인재 중에 내가 가장 잘하는 것이 무엇인지 찾아내야 합니다. 나만 잘하는 것이 있으면 더욱 좋습니다. 그래야 사람들이 나를 인정하고 글로벌 브랜드로 만들어주겠지요. 평범했던 사람이 하루아침에 글로벌 스타가 되는 일이 많이 벌어집니다.

오늘 명함을 하나 만들어보면 어떨까요? 학생이라고 명함을 못 쓴다는 법은 없습니다. 한 줄 슬로건 형식으로 내 소개를 하고 이름과 연락처를 적어보세요. 개인 브랜딩의 작은 시작입니다. 나만의 고유한 매력으로 상대의 마음속에 확고하게 자리 잡으려면 시간이 좀 걸리겠지요. 매력적인 브랜드 이미지를 위하여, 파이팅!

📢 소비자에게도 도움을 주는 광고

광고는 소비자에게도 도움이 됩니다. 우선, 소비자는 혁신적인 신제품이 나올 때마다 광고를 통해 몰랐던 제품 정보를 알게 됩니다. 광고를 통해 여러 제품을 비교하면서 가장 나은 것을 골라 구매할 수도 있습니다. 이때 광고에서 얻을 수 있는 중요한 정보는 최저 가격이나 기능이 아닙니다. 제품에서 얻을 수 있는 '심리적 혜택'입니다.

어떤 제품이 소비자에게 주는 혜택에는 '기능적 혜택(functional benefit)'과 '심리적 혜택(psychological benefit)'이 있습니다. 기능적 혜택은 제품의 뛰어난 기능 그 자체이고, 심리적 혜택은 제품을 사용했을 때 느끼는 만족감인데, 이 만족감은 숫자로는 표현할 수 없습니다. 현대 광고는 이 둘 중 심리적 혜택을 담습니다. 그래야 소비자가 '아하, 저 제품을 쓰면 저렇게 좋구나!' 하고 느끼기 때문이죠.

예를 들어, 새로 나온 스프레이 세럼 제품 광고에서 화이트 트러플 성분이 함유되어 좋다고 원료를 강조하는 것보다 항공사 승무원이 건조한 기내에서 장시간 여행할 때 뿌리는 제품이라고 이야기하는 것입니다. 제품의 기능적 혜택이 중요하지 않다는 것은 아닙니다. 소비자가 궁극적으로 기대하는 것은 승무원처럼 좋은 피부를 갖는 것이기에 그렇습니다. 실제로 해시태그(#)에 '승무원미스트'라고 애칭을 붙여 입소문을 만들기도 하더군요.

소비자가 보다 품질이 좋은 제품을 사용하면 생활 수준을 높일 수도 있습니다. 만일 세상에 광고가 존재하지 않는다면 소비자는 좋은 제품의 존재를 알 수 없겠지요. 소비자는 잘못된 선택의 실패를 가장 두려워합니다. 제품 정보가 과장된 광고를 보고 물건을 샀는데 반품이나 교환을 할 수 없어 울며 겨자 먹기식으로 그냥 사용했던 경험이 없나요? 또 광고를 통하지 않고 마음에 드는 제품을 직접 구하려면 발품을 팔아 전국을 돌아다니거나 마음에 드는 제품을 찾을 때까지 끝없이 소비를 해야 할지 모릅니다. 결국 소비자는 광고의 도움으로 최상의 옵션을 얻을 수 있는 셈입니다.

게다가 소비자는 광고를 실어 전하는 매스미디어를 적은 비용이나 무료로 이용할 수 있습니다. 신문이나 방송 같은 매스미디어는 기업이 집행하는 광고수익으로 운영되니까요. 소비자는 광고를 봐 주는 대신 고급 정보를 담은 프로그램이나 신문 기사, 뉴스와 스포츠 정보, 드라마, 재미있는 예능 프로그램, 다큐멘터리 등을 부담 없이 즐길 수 있는 것이지요.

📢 사회 발전에 도움이 되는 광고

기업이 광고를 해서 제품의 매출이 올라가면 제품을 만들어내는 직원들의 임금이 올라가고, 그들의 구매력도 자연스럽게 상승하게 됩니다. 기업에서 생산하는 이들도 소비자이기 때문이죠. 기업이 수익을 더 많이 내면 고용을 더 많이 창출할 수 있는 것도 장점입니다. 물론 우리나라에는 대기업을 비난하는 정서도 있지만, 대기업이 고용하는 직원 수는 상당히 많습니다. 함께 일하는 협력업체들의 직원 수까지 생각해 보면 그 수는 더욱 많아지겠죠.

또 광고를 통해 매출이 오르면 기업의 주가도 올라가 기업은 투자금액을 더 많이 확보할 수 있게 되지요. 그러면 매출이 올라서 생긴 수익 금액의 일부와 늘어난 주주들의 투자금액을 다시 제품 개발에 투자해서 혁신적인 신제품을 계속 만들어낼 수 있습니다. 또 어느 제품이 잘 팔리면 곧 그 제품의 가격이 내려가기도 합니다. 소비자가 그 제품을 계속 찾으면 대량생산을 하게 되어 제조 비용과 마케팅 비용도 줄일 수 있으니까요. 광고가 잘되면 기업을 둘러싼 사회 전체에 이런 선순환구조를 만들어준답니다.

✍️ 토론해 봅시다

1. 기업은 자사의 제품이나 서비스를 널리 알리기 위해 광고를 하지요. 그렇다면 그런 기업의 광고는 기업에게 구체적으로 어떤 도움을 줄지 이야기해 봅시다.
2. 기업이 하는 광고는 제품이나 서비스에 대해 자세한 정보를 제공합니다. 그렇다면 광고를 보고 소비자들은 과연 어떤 도움을 받을 수 있을지 이야기해 봅시다.
3. 제품과 브랜드는 비슷한 것처럼 보이지만 차이가 있지요. 제품과 브랜드는 어떤 차이가 있는지 이야기해 봅시다.

3

종이부터 휴대폰까지,
광고 매체의 변천사

여러분은 오늘 어떤 광고를 보셨나요? 인터넷 강의 옆에 튀어나온 배너 광고를 보셨나요? 뉴스 기사를 클릭했더니 따라 나온 팝업 광고를 보셨나요? 지하철역에서 유명 아이돌의 생일 축하 광고를 보셨나요? 버스 안에서는요? 유튜브 볼 때는요? 광고는 소비자가 가는 곳을 어김없이 따라다닙니다. 다 이유가 있습니다. 디지털 기술이 소비자인 여러분을 계속 추적하며 봐달라고 하는 것이지요.

우리나라에서 인터넷을 언제부터 사용했는지 아세요? 1994년부터 인터넷이 상용화되기 시작했답니다. 그전까지 기업이 광고를 내보내기 위해 이용한 매체는 비교적 단순했습니다. 전통적인 '4대 매체'를 중심으로 광고를 했으니까요. 4대 매체란 영향력이 강한 TV 광고, 라디오 광고, 신문 광고, 잡지 광고를 말하지요. 지금도 이 4대 매체는 막강한 위력을 발휘합니다. 이 매체들은 언론사 소유로 워낙 전파력이 강해서 광고를 실으려면 높은 매체 비용을 지불해야 합니다.

그러나 인터넷이 등장한 이후 눈부시게 발전한 디지털 기술 덕분에 광고 매체는 엄청나게 많아졌지요. 대학생들이 장난삼아 만든 페이스북과 각종 동영상을 올리던 플랫폼인 유튜브가 전 세계를 대상으로 하는 글로벌 광고 매체가 되었습니다. 그러면 광고 매체를 등장 순서대로 알아볼까요?

광고의 4대 매체는 무엇인가요?

TV 광고

TV 광고는 짧은 시간 내에 집중적으로 제품을 알려 제품에 대한 소비자의 인지도를 금방 높일 수 있다는 장점을 갖고 있습니다. 우리나라에서는 대개 15초, 20초, 30초 길이로 광고를 만들어 방송하는데, 짧은 시간 안에 메시지를 잘 담아 전달하는 일은 쉽지 않습니다.

그래서 TV 광고는 주로 브랜드 이미지를 세련되게 표현해서 공감을 얻기 위해 이용하고, 제품에 대한 상세한 정보는 홈쇼핑 채널이나 인터넷에서 알리는 추세입니다. 물론 광고 예산이 넉넉한 기업에서는 가끔 60초 길이의 광고를 하기도 합니다.

TV 광고는 기업이 원하는 시간에 광고를 방송할 수 있어 효과가 높습니다. 제품의 특징과 시청자의 성향, 라이프스타일 등을 조사하여 광고할 수 있으니까요. 예를 들어, 장난감 광고는 어린이 대상 프로그램을 방송할 때 내보내면 좋겠지요. 그래서 기업은 원하는 광고 시간대를 미리 구매해 둡니다. 경쟁사도 그 시간대를 좋아할 것이 틀림없으니까요.

일단 프로그램 시작 전에 광고를 보여주고, 혹시 보지 못한 시청자를 위해 프로그램 끝에 다시 광고를 보여줍니다. 마찬가지로 신작 게임 광고는 게임을 즐기는 시청자들이 좋아할 프로그램 앞뒤에 방송합니다. 드라마 시청자가 타깃(target)이라면 인기 드라마 앞뒤에 방송하지요.

그러나 SBS, MBC, KBS 같은 공중파 TV 광고는 광고 매체 비용이 워낙 높아서 자유롭게 활용하기 어렵고, 광고 효과를 분석하기가 어렵다는 문제가 있지요. 그럼에도 꼭 TV 광고가 필요하다면 JTBC, OCN 같은 케이블TV나 SKT, LGU+, KT 같은 IPTV에 광고합니다. IPTV란 전파를 사용하는 공중파 TV와 달리, 초고속 인터넷망을 통해 프로그램을 방송하는 서비스랍니다.

라디오 광고

TV가 세상에 나오기 전까지는 라디오가 가장 인기 있는 매체였습니다. 조그마한 상자 안에서 사람의 목소리나 오케스트라 음악이 나온다는 것은 기적에 가까운 일이었죠. 특히 미국처럼 넓은 땅을 가진 나라에서 사는 사람들에게는 멀리 떨어진 곳에서 내보낸 방송을 듣는 것이 매우 신기한 일이었습니다.

미국의 RCA라디오는 무려 8억 대를 팔았다고 합니다. 그러나 라디오가 거의 전 지역에 보급되어 더 이상 팔리지 않게 되자 프로그램을 제작할 여력이 없어졌고, 결국 기업의 협찬을 받아 그 기업의 브랜드 이름을 붙인 프로그램을 제작하게 되었습니다. 라디오 광고의 탄생이죠. 라디오를 팔기 위해 프로그램을 제작해서 무료로 방송하기 시작했습니다.

하지만 TV의 등장과 함께 화면이 보이지 않는 라디오는 구시대의 매체가 되었지요. 그러나 라디오는 결코 사라지지 않습니다. 오늘날에는 라디오 단말기가 진화하여 인터넷과 스마트폰의 앱으로 변신했고, 개성을 살린 더욱 다채로운 채널로 거듭났지요. 라디오 광고는 전성기에 비해 초라한 모습을 보이고 있지만, TV 광고를 보조하는 매체의 역할을 성실하게 수행하고 있습니다. 지금도 중장년층 대상의 오전 프로그램이나 '컬투쇼' 같은 인기 프로그램에는 광고가 몰리고 있습니다.

라디오 광고는 성우의 목소리를 통해 TV 광고처럼 생동감 있게 메시지를 전달할 수 있으면서도 매체 비용은 비교가 되지 않을 정도로 낮은 것이 장점이죠. TV 광고를 제작한 후 화면은 빼고 음향만 녹음하여 똑같은 내용으로 라디오 광고를 만들어 방송하기도 합니다.

영상과 음향을 통해 소비자의 시청각에 호소하는 TV 광고에 비해 전달력이 다소 떨어진다는 아쉬움이 있지만 청각 매체의 특성을 잘 살려 새로운 시도를 하는 라디오 광고도 많이 등장하고 있습니다.

신문 광고

신문 광고는 TV 광고에 비해 매체 비용이 저렴하고, 활자 매체의 장점을 살려 제품의 정보를 충분히 전달할 수 있다는 장점이 있습니다. 이해가 잘 가지 않으면 기사를 여러 번 다시 읽을 수 있는 것도 장점이지요. 종이 신문이나 디지털 신문 모두 활자를 인쇄한 상태로 오랫동안 보존할 수 있다는 것도 특징입니다.

아주 오래전부터 신문에는 광고가 기사와 함께 실렸습니다. 초창기

신문 광고는 기사처럼 그림 없이 글로만 만들었는데, 곧 삽화를 그려 넣을 수 있게 되어 제품이나 제품을 사용한 후 만족한 표정의 인물을 생생하게 표현할 수 있었습니다. 그 후 사진들이 쓰이며 더욱 실감 나는 광고의 모습을 띠게 됩니다.

그러나 인터넷 등장 이후 신문도 점점 힘을 잃어 네이버나 다음 같은 대형 포털 사이트에 자리를 내주고 맙니다. 게다가 종이 신문은 독자로부터 더욱 외면당하게 되어 자전거를 사은품으로 준다 해도 예전처럼 구독하려 들지 않지요.

광고가 주 수입원인 신문사에 광고가 줄어들고 있는데, 매일 종이 신문과 디지털 신문을 동시에 내야 하니 그 고충이 어떨지 알 수 있습니다. 게다가 인터넷 콘텐츠는 처음부터 무료였으므로 유료였던 신문이 인터넷으로 옮겨 가면서 자연스럽게 무료화되고 말았지요. 따라서 신문에 싣던 광고도 자연스럽게 디지털 기반의 포털 사이트로 옮겨 갔는데, 아무래도 신문 광고의 전성기는 지나간 상황입니다.

아예 처음부터 인터넷 신문으로 등록하여 종이 신문은 발행하지 않고 인터넷 신문만 발행하는 언론사도 엄청나게 많습니다. 미국《뉴욕타임스》는 오랜 노력 끝에 디지털 신문의 부분 유료화에 성공하면서 디지털 언론사로 거듭나는 모습을 보이고 있습니다. 그래서 세계의 신문사들이 벤치마킹하고 있지요.

신문사들이 유튜브를 활용하여 영상 기반의 뉴스를 함께 제공하는 일은 이제 표준이 되었습니다. '네이티브 광고(Native Ad)'라는 이름으로 기업의 광고를 마치 특집기사처럼 진지하게 써서 소개하는 형태의 새로운 광고도《뉴욕타임스》가 시작했습니다.

잡지 광고

잡지는 비용이 비교적 낮은 광고 매체입니다. 잡지의 종류가 많기는 하지만, 독자의 성격에 따라 신문보다 확실하게 분류할 수 있어 좋습니다. 예를 들어, 젊은 여성 독자와 낚시 애호가가 즐겨 보는 잡지는 다르므로 거기에 맞추어 관련 광고를 실을 수 있어 효과적이죠.

다만 신문과 마찬가지로 종이 잡지는 인터넷 시대의 독자에게 외면받고 있어 광고 효과가 이전 같지 않습니다. 거의 모든 잡지가 디지털로 옮겨 가서 발행되고 있으므로 거기에 잡지 광고를 싣게 됩니다. 디지털 잡지는 이전의 종이 잡지와는 다릅니다. 멀티미디어를 활용하여 방송인지 잡지인지 모를 정도로 자유롭게 보도합니다. 광고도 거기에 맞추어 기사형 광고를 싣거나 영상 광고를 만들어 올리기도 합니다.

 디지털 광고는 무엇인가요?

디지털 카메라인 DSLR 카메라를 들고 "이게 무엇일까요?" 질문을 던졌습니다. 그러자 한 사람이 "아, 디지털 카메라죠!"라고 대답했습니다. 다른 사람도 질세라 바로 대답했죠. "디카잖아요." 회심의 미소를 짓는 두 사람. 우리는 이 두 사람을 '디지털 이민자'라 부릅니다. 원래 디지털을 모르고 살다가 디지털 시대로 이민 왔다는 거죠.

이번엔 좀 젊은 친구가 대답합니다. "그건 카메라죠!" 이 사람은 '디지털 네이티브'입니다. 바로 여러분이지요. 필름 카메라는 사용해 본 적이 없는 '디지털 키드(digital kid)'입니다.

누가 잘못됐다는 것은 아닙니다. 다만 태어날 때부터 줄곧 디지털 시대를 살아온 젊은 세대가 광고의 대상이 됐다는 사실이 중요합니다.

바로 이 세대를 대상으로 광고가 기획됩니다. 이들은 그 어느 세대보다도 디지털 기기를 잘 다루고, 코딩을 배워 앱이나 프로그램을 직접 개발할 줄 압니다. 이들은 주로 인터넷의 산물인 스마트폰과 소셜 미디어를 무기로 세상을 살아갑니다. 인터넷을 기반으로 한 모든 미디어가 광고 매체가 됩니다. 따라서 기업은 4대 매체는 기본이고, 각종 소셜 미디어를 총동원해 광고를 하고 있어요.

빅데이터로 소비자를 찾습니다

디지털 광고는 4대 매체가 따라갈 수 없는 강력한 힘을 갖고 있습니다. '빅데이터(big data)'를 분석해서 소비자를 추적하는 것이죠. 기업은 소비자가 어제 몇 시에 어느 편의점에서 무슨 브랜드 컵밥을 샀는지, 2+1 프로모션에 응모했는지, 자몽 주스도 샀는지, 카드로 샀는지, 페이앱으로 결제했는지도 압니다. 아마 친구들과 먹은 것도 알 것입니다.

'아마존 고(Amazon Go)' 같은 점원 없는 편의점에서는 물건을 계산하지 않고 나와도 문제없습니다. 자율주행자동차에 쓰는 '저스트 워크 아웃(Just Walk Out)' 기술로 카메라가 소비자를 따라다니며 물건 집는 동작을 이미 인식했기 때문이죠.

기업은 조지 오웰의 소설 『1984』의 '빅 브라더'처럼 소비자를 관찰합니다. 끊임없이 사람들의 마음을 연구하고 행동도 연구합니다. 다만, 기업이 소비자 빅데이터를 수집했다고 해도 그것을 함부로 쓸 수는 없지요. 「개인정보보호법」이 있어 당사자의 동의 없이는 개인정보를 수집하거나 활용하거나 제3자에게 제공할 수 없습니다.

✏️ 토론해 봅시다

1. 광고의 4대 매체가 무엇인지 이야기해 봅시다.
2. 여러분은 4대 매체와 디지털 광고 매체 중 어느 것을 더 선호하나요? 그 이유를 친구와 이야기해 봅시다.

4
메일부터 영수증까지,
다양한 광고의 세계

광고의 전통적인 4대 매체인 TV, 라디오, 신문, 잡지와 디지털 광고에 대해서는 이미 알려드렸지요. 그래서 이번에는 그 외에 얼마나 다양한 광고가 있는지 설명해 보려고 합니다.

기업은 제품의 성격과 소비자의 성향에 맞추어 가능한 한 많은 종류의 광고를 집행합니다. 물론 예산에 맞추어 알맞은 범위를 정하는 것이 중요하죠. 무조건 많은 채널에 광고하는 건 좋은 방법이 아니에요. 적절한 메시지로, 적절한 목표 소비자에게, 적절한 시점에 광고를 집행하는 것이 가장 중요하답니다.

📢 목표 소비자에게 직접 다가가는 DM 광고

DM은 '다이렉트 메일(Direct Mail)'의 약자입니다. 4대 매체 광고가 비용을 많이 투입하여 불특정 다수에게 보내는 광고라면, 다이렉트 메일은 우편이나 인터넷을 통해 개별 소비자에게 보내는 광고를 말합니다. 원하는 목표 소비자에게 직접 보내니까 읽을 확률이 높겠죠. DM 광고는 실행 비용이 많이 들지 않으므로 대기업은 물론 소상공인이나 자영업자도 즐겨 쓰는 광고입니다.

그런데 DM 광고에서 가장 중요한 것은 소비자의 인터넷 메일 주소를 확보하는 것입니다. 기업은 이런 정보를 어떻게 확보할까요? 소비자가 무료 선물을 받고 회원 가입할 때 확보합니다. 여러분도 마케팅 정보 수집과 제3자에게 제공하는 것에 동의하는지 묻는 문구를 본 적 있을 것입니다. 이때 소비자는 무료 커피 한 잔과 개인정보를 맞바꾸는 셈이죠.

소비자가 모르는 사이에 기업끼리 소비자 명단을 사고파는 일도 발생합니다. 물론 국민의 개인정보를 무단으로 사용하지 못하도록 국가에서 「개인정보보호법」으로 엄격하게 관리하고 있지요.

DM 광고를 할 때 주의할 점은 이런 메일이 너무 많아서 소비자가 외면하기 쉽다는 점입니다. 백화점, 통신사, 게임 회사, 최근에 다녀온 레스토랑 등에서 쉴 새 없이 메일을 보내니까요. 그래서 다이렉트 메일 광고를 봐 주는 소비자에게 감사의 표시로 할인 쿠폰을 제공하는 기업도 많습니다. 소비자가 짜증이 나서 광고를 외면하는 바람에 애써 잘 쌓아놓은 브랜드 이미지가 망가지지 않도록 세심한 주의를 기울여야 하겠죠.

 소비자의 눈길을 사로잡는 옥외 광고

옥외 광고는 소비자가 집 밖에서 보는 모든 광고를 말합니다. 버스의 옆면이나 지하철 차량 내부 등에 광고하는 것이죠. 이것 역시 오래전부터 써오던 전통적인 광고지만, 여전히 효과가 있어 많이 집행합니다.

요즘은 '디지털 사이니지(digital signage)'라고 하는 전광판 광고로 진화해서 실감 나는 그래픽을 사용한 동영상 광고로 인기를 끌고 있습니다. 서울 삼성동 코엑스에 설치한 디지털 사이니지는 뉴욕 타임스 스퀘어의 디지털 광고처럼 세계인의 관심을 끌기 시작했지요.

도심 속 깜짝 이벤트, 게릴라 광고

'게릴라'는 불규칙적으로 기습하는 부대 혹은 그런 전법을 뜻합니다. 즉, 게릴라 광고는 소규모 게릴라처럼 생각지 않았던 장소에서 소비자와 만나는 광고를 말하지요. 아이디어만 좋으면 비용이 적게 들고 관심을 끌 수 있어 인기입니다. 길바닥에 그림을 그린다거나 설치미술 작품처럼 도시 속에 광고를 배치하여 행인의 관심을 끌죠.

요즘은 게릴라 광고가 재미있으면 전시나 해프닝에 그치지 않고 일파만파로 퍼져나갑니다. 소비자가 그 광고를 보고 사진을 찍거나 해시태그를 붙여서 자발적으로 소셜 미디어에 공유하니까요. 소비자가 참여하여 광고에 대한 입소문을 퍼트리기 시작하면 전 세계적인 영향력과 반응도 이끌어낼 수 있죠.

📢 자연스러운 맥락이 관건, PPL 광고

PPL(Product Placement Ad) 광고라는 말 들어보셨지요? '제품 배치 광고'로 번역할 수 있겠네요. 기업이 TV 프로그램이나 영화 같은 미디어 콘텐츠에 제품을 자연스럽게 출연시키는 광고 같지 않은 광고를 말합니다. TV 광고에 비해 적은 비용으로 큰 효과를 볼 수 있어 인기랍니다.

TV 예능 프로그램의 사회자 앞에 브랜드 이름이 보이는 음료수 병을 놓아두는 장면은 조금 부자연스럽죠. 영화나 드라마의 감상을 방해하지 않는 선에서 자연스럽게 제품을 배치하는 것이 좋은 방법입니다.

미국 영화 〈탑 건: 매버릭〉에서 주인공 톰 크루즈가 쓰고 나오는 선글라스는 레이밴(Ray-Ban)이란 브랜드입니다. 공군 조종사들의 눈부심을 방지하기 위해 개발된 렌즈와 잠자리 눈 모양의 안경테 디자인으로도 유명하지요. 할리우드 영화 제작자들은 재빠르게 이 브랜드와 PPL 광고 계약을 맺었어요. 결과가 어떻게 됐을까요? 대성공이었어요. 영화가 개봉한 후 제품의 매출이 40퍼센트 늘었다고 합니다. 뜻밖의 변화는 해군 비행사 지원자의 수가 500퍼센트 증가한 것입니다. 정작 해군은 따로 PPL 광고 계약을 하지 않았을 텐데요.

반대로 욕심이 지나쳐서 작품의 흐름을 깨는 경우도 있어요. 사극에 현대 브랜드가 등장하는 식입니다. 중국 사극에 느닷없이 피자가 나오거나 왕이 섬유유연제를 하사한다는 설정도 있지요. 귀여운 아이디어라 생각할 수도 있지만 그런 시도는 작품에도, 광고하는 브랜드에도 도움이 되지 않아요. PPL 광고는 나중에 관객이 알게 되더라도 씩 웃고 넘길 수 있는 수준에서 하는 것이 좋겠지요.

📢 소비자가 있는 곳으로, 모바일 광고

스마트폰이나 태블릿 같은 인터넷에 연결된 모든 모바일 단말기를 통해 소비자에게 다가가는 광고가 모바일 광고입니다. 이런 광고는 인스타그램, 페이스북, 트위터 같은 소셜 미디어나 웹 페이지 또는 앱에 실리게 됩니다. 예를 들어, 모바일 게임을 하는 고객에게 그 게임과 비슷한 게임 광고를 보낼 수 있죠.

이 광고의 장점은 위치 설정을 사용하는 경우 소비자가 있는 곳으로 찾아갈 수 있다는 점입니다. 소비자의 위치를 파악해서 그에 맞는 광고나 근처의 매장 광고를 노출하는 식이죠.

모바일 광고는 QR코드를 사용해서 인쇄 광고와 연결하기도 합니다. 예를 들어, 소비자가 잡지에서 QR코드를 모바일 장치로 스캔하면 브랜드의 웹 사이트로 이동하게 만들거나 감사 쿠폰을 제공할 수 있죠. 이전에 PC나 노트북에서 하던 온라인 광고가 모바일로 옮겨간 셈입니다.

📢 소비자 참여를 이끌어내는 소셜 미디어 광고

소셜 미디어 광고는 4대 매체 외에 전 세계의 소비자에게 가장 빠르게 도달할 수 있는 강력한 광고입니다.

소셜 미디어 광고는 특정 소비자를 목표로 잡을 수 있습니다. 지리적 위치, 연령대 또는 구매 습관을 기반으로 기업이 원하는 고객을 찾아가지요. 팔로워가 광고에 '좋아요'를 누른 후 친구들에게 공유하도록 요청하여 광고 효과를 높일 수 있습니다. 이벤트를 열어 당첨된 소비자에게 할인 혜택이나 선물을 줄 수도 있죠. 온라인 인플루언서나 유명 블로거, 틱톡의 유명인사를 활용하여 브랜드 홍보 게시물을 작성하게 하는 방법도 많이 씁니다.

소셜 미디어 광고는 기업이 일방적으로 보내는 4대 매체 광고와는 달리 소비자들이 적극적으로 광고에 참여하고, 좋은 광고는 공유해 준다는 점이 최대의 장점입니다.

'조사하면 다 나와' 검색 광고

검색 광고는 디지털 광고의 기본으로, 클릭당 비용을 지불하는 유료 광고입니다. 소비자가 광고를 클릭할 때만 수수료를 지불하죠.

예를 들어, 이어폰 회사가 '이어폰'이란 키워드를 미리 계약해 두면, 소비자가 그 키워드를 검색할 때 페이지 상단의 검색 결과에서 그 회사의 제품이 광고로 표시됩니다.

소비자의 클릭을 먹고 사는 디스플레이 광고

디스플레이 광고는 인터넷 배너 광고를 말합니다. 보통 웹 페이지 상단이나 측면에 배치하지요. 인터넷 초창기부터 가장 많이 쓰는 광고 형태라 소비자들이 광고를 잘 클릭하지 않지만, 지금도 많이 씁니다. 관심

있는 소비자가 배너를 클릭하면 기업의 웹 사이트나 전자상거래 사이트로 연결되어 제품을 구매하도록 권유하지요.

디스플레이 광고에서 요즘 많이 쓰는 방법은 '리마케팅(remarketing)' 또는 '리타기팅(retargeting)'입니다. 소비자가 브랜드의 웹 사이트를 방문했지만 제품에 관심 없다면 골라내서 제외하고, 관심 있는 소비자에게만 다시 광고하는 방식입니다. 소비자가 사이트에 남긴 흔적인 쿠키 수집을 허용하는 경우가 많아 추적을 할 수 있는 것이죠.

최근 구글과 애플이 쿠키 정보를 기업에 제공하지 않기로 해서 논란이 많습니다. 그렇지만 소비자가 누군지, 어디에 있는지, 브랜드에서 무엇을 원하는지를 끊임없이 연구하고 따라가는 일은 마케터의 숙명이지요.

📢 적은 비용으로 광고할 순 없을까?

우리 주변에는 대기업도 많지만 소상공인이나 자영업자도 많이 있답니다. 규모가 작은 사업자는 대기업처럼 광고 비용을 따로 마련하기가 쉽지 않겠지요. 하지만 방법이 없는 것이 아니랍니다. 요즘은 디지털 광고가 빠른 속도로 성장하고 있지만 오래전부터 사용해 온 전통적인 광고도 많거든요. 적은 비용으로 할 수 있는 광고를 알아봅시다.

벽화 광고

영어로 '그래피티(graffiti)'라고도 하는 벽화를 활용하는 광고를 말합니다. 아직 우리나라에는 이런 광고가 낯설지만 외국에서는 오래전부터 많이 쓰고 있는 광고의 형태죠. 예를 들어, 미국의 오래된 도시에 가면 낡은 벽돌 건물의 외벽 전체를 캔버스처럼 활용하는 광고를 볼 수 있습니다. 건물주는 낡은 건물의 지저분한 벽을 가려서 좋고, 기업은 목 좋은 곳에 광고 면을 싸게 얻을 수 있어 좋겠지요.

멕시코에서는 그래피티 아티스트에게 농구선수가 멋진 포즈로 운동하는 모습을 크게 그려달라고 했어요. 특히나 선수의 발에는 신제품 나이키 신발을 그려 넣어달라고 했죠. 그러자 순식간에 젊은 소비자들에게 소문이 퍼져 제품이 매진됐답니다. 사람들이 실제 제품이 아닌 그림으로 그린 제품만 보고 사진을 찍어 공유했을 뿐인데 말이죠.

샌드위치맨 광고

강남역에서 가게 이름을 적은 광고판을 들고 있다가 사람들이 많아지면 서커스처럼 현란한 동작으로 묘기를 보이며 광고하는 것을 본 적이 있나요? 이를 샌드위치맨 광고라고 합니다. 옛날에는 광고판 두 개를 붙여서 이음줄을 사람 목에 걸고 번화가를 돌아다니는 형태였죠.

이제는 거리가 복잡해져서 통행을 막는다는 항의를 받을 수 있겠지만, 적은 비용으로 뛰어난 시각적 효과를 줄 수 있는 방법입니다.

영수증 뒷면 광고

"영수증 필요하세요?" 요즘 손님이 계산을 마치면 가게의 점원이 묻는 말이죠. 영수증에 유해 성분이 들어 있다고 해서 만지려 하지도 않거나, 필요하지 않아서 버리는 사람도 있기 때문입니다.

그런데 그 좁은 영수증의 뒷면에 광고를 실은 기업도 있답니다. 세계적인 식품 기업 유니레버는 헬먼스 마요네즈를 사는 고객에게 요리를 만들 수 있는 레시피를 영수증 뒷면에 인쇄해 주는 광고를 진행했어요. 브라질 식품 체인점 매장 계산대에 소프트웨어를 설치하여 소비자가 마요네즈와 함께 구매한 다른 식품 목록을 분석한 다음, 마요네즈와 함께 만들 수 있는 요리의 레시피를 영수증에 인쇄해 주었죠. 이 광고를 한 결과 3개월간 진행된 프로모션에서 마요네즈의 매출이 약 44퍼센트 올랐다고 하네요. 칸국제광고제에서 4개 부문의 상도 받았고요.

은행이나 점포에서 받는 고객 대기표에 광고를 한 사례도 있습니다. 그 뒷면에 단편소설을 인쇄해 소비자의 호평을 받았다고 해요. 기다리는 것을 좋아하는 사람은 없을 텐데, 지루한 대기 시간을 잠시나마 즐겁게 만들어준 아이디어가 돋보이죠. 물론 소설의 길이가 짧아야겠지만요.

여러분도 비용을 적게 들이거나, 거의 들이지 않고 광고를 할 수 있는 아이디어를 한번 내보면 어떨까요?

🔍 토론해 봅시다

1. 최근에 본 PPL 광고 중 소비자가 거부감을 느끼지 않도록 잘 진행한 광고는 무엇이었는지 이야기해 봅시다.
2. 디스플레이 광고의 대표적인 것이 배너 광고입니다. 인터넷에 접속하면 원하지 않아도 보게 되는 배너 광고의 장점과 단점을 한 가지씩 이야기해 봅시다.
3. 영수증 뒷면 광고처럼 아무도 주의를 기울이지 않았던 매체를 슬기롭게 활용한 광고를 만난 적이 있는지 이야기해 봅시다.

5

광고는 무엇이고,
마케팅은 무엇일까?

 **마케팅을 아십니까?**

마케팅(marketing)은 영어 단어를 보면 이해하기 쉬워요. '시장'이라는 뜻의 '마켓(market)'에 -ing를 붙인 것이죠. 시장 또는 장사에 관련된 일이란 걸 짐작할 수 있겠네요. 마케팅에 관한 다양한 정의가 있지만, 케임브리지 영어사전에서는 '소비자가 원하는 것을 찾아내고, 그 정보를 이용해 제품과 서비스를 만들어 효과적으로 판매하는 활동'이라고 쉽게 설명해 주었어요. 미국마케팅협회에서는 마케팅을 '소비자, 의뢰인, 파트너와 사회 전체를 위해 가치가 있는 제품을 만들고 알려주고 전달하고 교환하는 활동과 제도, 과정'이라고 정의하고 있습니다.

마케팅에서 가장 중요한 단어 하나는 '소비자'이고, 가장 중요한 부분은 '소비자가 원하는 것'입니다. 아무리 좋은 제품을 만들어 시장에 내놓아도 소비자가 선택해 주지 않으면 소용없으니까요. 조금 더 구체적으로 말하면, 마케팅은 소비자의 '니즈(needs)'와 '원츠(wants)'를 파악하여 그것을 충족시켜 주기 위한 기업의 활동이라 할 수 있어요.

'니즈'는 영어의 뜻처럼, 필요한 것을 말합니다. 살기 위해 필수적으로 필요한 것이 니즈입니다. '원츠'는 그것을 충족시키기 위한 욕구를 말하지요. 예를 들어, "배고파"는 니즈이고, '삼각김밥'은 원츠입니다. 이 경우, 배고프다는 니즈는 변하지 않지만, 원츠는 변할 수 있겠지요? 꼭 삼각김밥을 먹어야 배고픔을 해소할 수 있는 건 아닐 테니까요. 그래서 세상에는 짜장면도 나왔고, 햄버거도, 피자도 나온 것이랍니다. 그러니까 소비자의 니즈와 원츠가 무엇인지를 정확하게 알아내야 마케팅에 성공할 수 있습니다.

 ## 왜 마케팅을 하나요?

옛날에는 마케팅이란 것이 필요하지 않았답니다. 배고프면 배고픔을 해결하기 위해 쉽게 구할 수 있는 걸 먹었을 테니까요. 생존이 우선이니까 들판에 나가 과일을 따 먹든지 집에 있는 쌀로 밥을 지어 먹든지 기르던 닭을 잡아먹었겠지요. 맞아요. 그 시절에는 마케팅이 필요 없었어요.

그런데 산업혁명 이후에 제품을 많이 생산해 내기 시작하면서 마케팅이란 개념이 등장합니다. 당시엔 공급이 부족해서 판매자가 시장을 주도했지요. 기업은 생산만 하면 쉽게 판매할 수 있으니까 생산량을 늘리는

데 관심을 쏟습니다. 부르는 게 값이었겠지요? 너도나도 생산에 뛰어들어 비슷한 제품을 만들다 보니까 제품의 종류는 많아지는데 제품 간의 차별성이 없어집니다. 제품의 공급이 지나치게 많아진 시대가 온 것이죠.

상황이 바뀌어 소비자가 왕이 되었습니다. 소비자의 선택을 받기 위해서 기업은 경쟁사보다 더 좋은 제품, 차별화된 제품을 만들어내야 했지요. 그래서 이때부터 우리가 아는 마케팅 개념이 본격적으로 도입된 것입니다. 판매가 가장 중요하다는 마음으로 마케팅을 했어요.

기업은 그렇게 판매 위주로 마케팅을 하다가 많이 팔기보다 소비자가 원하는 것을 만족시켜야 한다는 것을 깨닫게 되지요. 가장 중요한 일은 소비자의 니즈와 원츠를 충족시켜 주어야 하는 것임을 자각한 것이죠. 요즘의 기업은 거기에서 한 발 더 나가서, 장사만 할 것이 아니라 소비자가 사는 이 사회에 도움이 되는 마케팅을 해야 한다고 생각하고 있답니다.

📢 마케팅의 4P가 뭐죠?

여러분은 이제 누가 마케팅이 무엇이냐고 물으면 확실하게 대답할 수 있게 됐어요. 내친김에 마케팅의 4P에 대해서도 알아볼까요? 마케팅이 다루는 필수적인 네 가지 요소를 4P라고 한답니다. 마케팅을 성공적으로 하려면 영어 알파벳 P로 시작하는 이 4개를 잘 관리해야 한다는 것이지요.

4P란 바로 제품(Product), 가격(Price), 유통(Place), 촉진(Promotion)을 말합니다. 그러니까 마케팅은 소비자가 좋아할 제품을, 적절한 가격에,

구매하기 편한 장소에서, 자세히 알려주는 노력을 하는 일이죠.

제품과 가격은 이해하기 쉬우니까 유통과 촉진이 무엇인지 알아봅시다. 유통은 소비자가 어디에서 편리하게 제품을 구입하게 할 것인지 결정하는 것입니다. 예를 들어, 슈퍼마켓에서 살 수 없고 꼭 온라인 쇼핑으로만 살 수 있는 제품이 있어요. 동네 편의점에는 없지만 대형 마트에는 있는 제품도 있지요. 이런 유통 방식은 소비자가 편리하게 제품을 구매할 수 있도록 기업이 정하는 것입니다.

촉진이란 무엇인가를 다그쳐서 빨리 나가게 한다는 뜻이니까 마케팅에서는 판매를 빨리 한다는 이야기겠지요. 광고가 바로 여기에 속합니다. 광고는 대표적인 판매촉진 수단이거든요.

📢 마케팅의 SWOT 분석은 뭐죠?

마케팅을 이야기할 때 빠뜨릴 수 없는 것 중 'SWOT 분석'이 있습니다. 마케팅 전략을 세울 때 필수적으로 쓰는 도구입니다. 기업이 어떤 환경에 처해 있는지 분석한 후, 강점(Strength)과 약점(Weakness), 기회(Opportunity)와 위협(Threat) 요소를 찾아냅니다. 그것을 토대로 강점은 살리고 약점은 죽이며, 기회 요소는 잘 활용하고 위협 요소는 제거하는 효과적인 마케팅 전략을 세울 수 있지요.

저는 회사를 옮긴다거나 중요한 변화를 생각할 때 이 SWOT 분석을 해봅니다. 그러면 의사결정에 큰 도움이 되지요. 예를 들어, A 회사에서 B 회사로 옮기려 하는데 어떻게 할지 결정을 하지 못할 때 이 도구에 현재 상황을 대입해 봅니다. '나의 강점은 성실성이다. 약점은 금방 싫증을 느끼는 것이다. 기회는 같은 시간 내에 여러 프로젝트를 할 수 있다. 위협은 나이 때문에 오래 다닐 수 없다'.

여러분도 이 SWOT 분석을 통해 자신의 성향과 환경을 한번 점검해 보면 어떨까요? 내가 몰랐던 나의 강점과 약점, 기회 요소와 위협 요소를 찾을 수 있을 것입니다.

📢 광고보다 큰 마케팅

마케팅에 대해 자세히 알아봤으니 광고와 마케팅의 차이를 배워봅시다. 마케팅은 광고의 상위 개념이랍니다. 다시 말하면, 광고란 마케팅을 잘 수행하기 위한 하나의 방법인 것이지요. 그러니까 마케팅은 대개 기업의 마케팅 부서에서 담당하고, 광고는 광고대행사에서 광고 전문 인력이 담당하고 있답니다. 여러분이 마케팅 업무에 관심이 많다면 기업의 마케팅 부서로 입사하고, 광고 업무를 하고 싶다면 광고대행사로 입사하면 되는 것이죠.

예를 들어 수학여행을 준비할 때 여행의 성격과 콘셉트를 정하고 전체 프로그램을 기획하는 일에 흥미를 느낀다면 마케팅 업무에 맞습니다. 수학여행 프로그램을 감동적이고 재미있게 짜고 실제로 집행하는 일을 좋아하면 광고 업무를 하면 좋겠지요. 물론 이 두 가지 일의 경계는 뚜렷하게 구분되지 않아 마케팅 잘하는 사람이 광고를 잘 만들기도 한답니다.

🔊 마케팅보다 부드러운 광고

광고와 마케팅은 같은 목표를 달성하기 위한 활동이지만, 마케팅이 광고의 상위 개념이기 때문에 마케팅을 광고보다 먼저 한다고 할 수 있습니다. 보통 마케팅 전략을 확실하게 세운 후 광고 전략을 세우고 거기에 맞추어 광고를 제작한답니다.

마케팅은 광고보다 조금 딱딱하지요. 마케팅이란 제품을 어떻게 판매할까에 대한 전략이고, 광고는 그 전략을 토대로 소비자에게 부드럽게 말을 건네는 일이니까요.

요즘 광고에서는 제품을 사라고 강요하지 않습니다. 제품이 모자라서 만들기만 하면 팔려나갔을 때는 그런 식으로 말해도 문제가 없었지만요. 실제로 광고의 초창기에는 광고 모델이 눈을 부릅뜨고 카메라를 쳐다보면서 이 제품이 좋으니 꼭 사라고 권하는 광고도 많았답니다. 물론 지금도 일부 광고는 그러기도 하죠.

그러나 지금은 수요보다 공급이 넘치는 시대입니다. 제품이 아무리 좋아도 좋다는 주장만으로는 아무도 사지 않죠. 세상에 품질 좋은 제품이 워낙 많아서 소비자에게 그렇게 선택을 강요하는 제품은 살 이유가 없거든요.

현대의 소비자는 일방적으로 권유한다고 제품을 구매하지 않습니다. 현명한 소비자는 좋은 제품이 아닌데도 좋다고 사라고 하면 바로 눈치 채고 외면하거든요. 게다가 효능이나 기능을 과장하거나 무언가 속이려 드는 광고를 보면 그 제품을 만든 기업에 항의하고 바로 불매운동에 들어가죠.

# 강요하지 않고 먼저 마음을 열어야 한다

이제 어떤 방식으로 해야 효과적으로 광고할 수 있는지 이해하셨나요? 현명한 오늘날의 소비자를 설득하려면 일방적인 강요는 하지 않는 것이 좋습니다. 좋다고 무조건 사달라고 하는 대신, 연인처럼 부드럽게 대화하듯 다가가는 방식을 사용해야 효과를 볼 수 있지요. 그래서 무엇을 광고하든, 요즘 광고는 매우 감각적인 화면을 보여주고 귀에 쏙쏙 들어오는 음악도 들려주며 소비자에게 부드럽게 다가가는 방식을 씁니다.

매력적인 모델이 등장하지만, 모델이 소비자에게 '이거 좋아요. 사지 않으면 후회할 거예요'라고 대놓고 말하지 않습니다. 그 대신 '꼭 말해야 하나요? 저처럼 멋지게 되려면 이 제품 한번 써보세요'라고 넌지시 권유합니다. 자기처럼 멋지고 유명한 사람이 권하는 제품이니까 믿어달라는 것이지요. 그래서 잘 만든 TV 광고는 한 편의 뮤직비디오를 보는 기분을 선사합니다. 그래야 광고임을 알고 보더라도 그 속에 등장하는 제품에 대해 좋은 느낌을 받을 테니까요.

어쩌면 광고를 통해 누군가를 설득하는 일은 불가능할지도 모릅니다. 현대는 광고로 제품의 장점을 일방적으로 알리기 전에, 소비자가 제품에 대해 좋은 느낌을 받게 하는 방법을 연구해야 성공하는 시대랍니다. 갑자기 내 이야기를 듣게 되는 사람이 마음의 준비가 되어 있을 확률은 높지 않거든요.

이런 것을 심리학에서는 '라포르(rapport)'라고 하지요. 환자와 의사 사이의 심리적인 신뢰 관계를 말하는 프랑스어입니다. 아무리 유능한 의사도 여기저기 아프다는 환자의 말만 듣고는 정확한 진단을 하기 어렵습니다. 환자가 분명하지 않은 자기만의 방식으로 증세를 호소하기 전에 의사를 믿고 마음을 열게 만들어야 하지요. 언론사의 기자도 이런 방식을 자주 씁니다. 취재하려는 사람에게 무조건 알려달라고 강요하지 않고, 먼저 '라포르'를 형성하면 훨씬 더 많은 진짜 정보를 알아낼 수 있거든요. 광고의 이런 방식을 알아두면 생활하는 데 유용하답니다.

여러분도 상대에게서 원하는 것을 얻고 싶을 땐 거칠게 일방적으로 다가가지 않는 연습을 해보세요. 먼저 라포르를 만드는 일이 중요하니까요. 부모님에게 용돈을 더 받으려고 하거나, 마음에 드는 친구에게 처음 말을 걸려고 하거나, 수업 시간에 과제를 발표해야 한다면 이 라포르를 한번 응용해 보세요. 마음이 급해서 하고 싶은 말을 불쑥 던지는 방식보다 먼저 좋은 느낌을 전달하는 방식, 잊지 않으셨지요?

🔍 토론해 봅시다

1. 좋은 제품이니 사라고 강요하는 광고를 본 적 있나요? 어떤 느낌이 들었는지 친구들과 이야기해 봅시다.
2. 부드럽게 말을 거는 방식으로 원하는 것을 얻은 경험이 있나요? 그런 경험이 없다면 일상에서 라포르를 어떻게 활용할 수 있을지 생각해 봅시다.
3. 마케팅에서 사용하는 SWOT 분석을 활용해 자신의 강점과 약점, 기회와 위협 요소를 분석하고 친구들과 이야기해 봅시다.

현대 광고의 아버지, 데이비드 오길비

이 사람을 채용할 광고대행사가 있을까요?

"그는 38세 실업자입니다. 대학을 중퇴했습니다. 요리사, 세일즈맨, 외교관, 농부로 일했습니다. 마케팅에 대해서는 아무것도 모르고, 광고 카피는 전혀 써보지 않았습니다. 광고를 직업으로 하면 좋겠다고 주장하며 (38세에!) 연봉 5,000달러면 일하겠다고 합니다."[1]

데이비드 오길비(David Ogilvy, 1911~1999)는 이런 자기소개서를 내고 런던의 한 광고대행사에 합격했어요. 3년 후 그는 세상에서 가장 유명한 카피라이터가 되었고 '현대 광고의 아버지'라 불리게 됐지요.

1911년 영국에서 태어난 오길비는 옥스퍼드대학에 진학했지만 2학년

에 자퇴했어요. 이후 프랑스 파리 마제스틱호텔에서 요리사로 일했지요. 그는 1935년 영국에서 오븐 방문판매원으로 일하며 판매 가이드북을 읽게 됐고, 판매를 잘하려면 광고가 중요하다는 것을 알게 되었어요. 그래서 직접 세일즈맨을 위한 가이드북을 만들었는데, 그것을 런던의 광고대행사에 보내 광고계에 입문했습니다. 그 후 미국의 광고를 배우기 위해 소비자 조사 회사 갤럽(Gallup)의 이사가 되었고, 조사기법을 배웠지요. 1948년 뉴욕에서 광고대행사 오길비 앤 매더(Ogilvy&Mather)를 설립했는데, 이는 지금 93개국에 131개의 지사를 둔 광고 회사가 되었어요.

그는 대영제국 훈작사 작위와 프랑스 '문예 훈장'을 받았고 미국 '광고 명예의 전당'에 이름을 올렸지요. 저서로는 『나는 광고로 세상을 움직였다』와 『광고 불변의 법칙』 등이 있어요. 오늘날에도 마케터와 광고인의

필독 도서로 꼽힙니다. 88세가 되던 1999년 프랑스 시골의 투푸성에서 사망했지요.[2]

오길비가 알려주는 카피 쓰는 법[3]

전설적 카피라이터 오길비에게 광고와 마케팅 글쓰기, 즉 카피라이팅 하는 법을 배워봅시다. 그는 강력한 카피를 쓰려면 헤드라인을 잘 써야 하는데, 헤드라인이야말로 광고의 핵심 요소이며, 광고 전체의 첫인상을 남기는 가장 강력한 단서라고 했어요. 이는 광고 카피뿐 아니라 정성껏 쓴 과제의 제목이나 이메일 제목을 쓸 때도 도움이 되는 조언입니다.

1. 헤드라인으로 독자에게 친밀한 신호를 보내세요. 광고의 타깃이 어머니라면 '어머니'란 단어를 헤드라인에 넣는 것이 좋습니다.
2. 모든 헤드라인은 개인의 관심사를 이야기해야 합니다. '35세 이상의 여성이 더욱 젊어 보이는 법'처럼 소비자의 이익을 약속하세요.
3. 헤드라인에 언제나 뉴스거리가 들어가도록 쓰세요. 소비자는 늘 신제품에 관심이 많습니다. 특히 다음 단어나 구절을 헤드라인에 넣으면 놀라운 효과를 볼 수 있습니다. '갑자기' '지금' '알림' '여기에' '방금 나온' '중요한 발전' '굉장한' '주목할 만한' '놀라운' '기적' '마술' '빠른' '쉬운' '구함' '도전' '~에 대한 조언' '마지막 기회'.
4. 헤드라인에 브랜드 이름을 반드시 담으세요. 보디카피를 읽는 사람보다 다섯 배 많은 사람들이 헤드라인을 읽기 때문입니다.
5. 헤드라인에서 소비자가 호기심을 갖게 써보세요. 그러면 보디카피를 읽을 가능성이 높기 때문입니다.

6. 애매모호한 헤드라인을 쓰지 마세요. 소비자들은 헤드라인의 뜻을 이해하려고 광고를 오랫동안 보지는 않습니다.

7. 헤드라인에 부정적인 단어를 쓰지 마세요. '이 소금에는 유해 물질이 들어 있지 않습니다'라고 쓰면 소비자는 유해 물질이 들어 있다고 생각할 수 있습니다.

자, 이걸 알고 나니 여러분도 유명한 카피라이터가 된 기분이 들지 않나요? 하나 덧붙이자면, 쉬운 단어를 써야 한다는 것입니다. 오길비는 전문용어 대신 일상 언어를 사용하는 것이 좋고, 형용사나 수식어를 쓰지 않는 것이 좋다고 했습니다. 형용사나 수식어가 뜻을 강조할 수는 있지만 잘못하면 글이 길어져서 독자의 몰입을 방해할 수도 있으니까요.

"시속 60마일로 달리는 롤스로이스에서 들리는 가장 큰 소리는 전자시계 소리입니다." 이 헤드라인은 지금까지도 가장 영향력 있는 카피로 평가받고 있어요. 훗날 그는 이에 대해 "그저 사실만 적었을 뿐이다. 형용사, 우아한 생활 같은 수식어는 없었다"고 말했지요.

오길비의 말

오늘날까지도 광고업계 바이블로 여겨지는 그의 조언을 소개합니다.

"가장 뛰어난 아이디어는 농담에서 나옵니다. 최대한 재미있는 생각을 하세요."

"소비자는 바보가 아닙니다. 당신의 부인입니다."

"당신의 가족에게 보여주고 싶지 않은 광고는 절대 만들지 마세요."

"당신 자신을 광고할 수 없다면, 어떤 것을 광고할 수 있겠습니까?"

2장

광고, 소비자의
마음을 움직이다

1
창의적인 아이디어로
소비자를 설득하라

여러분, '크리에이티브하다'는 말 들어보셨나요? 영어로 '크리에이티브 (creative)'란 '창의적인'이란 뜻의 형용사지요. 그래서 광고계에서는 좋은 아이디어를 내는 사람에게 "저 친구는 참 크리에이티브하다"라고 말한 답니다. 광고계에서 일하는 사람들에 대한 최고의 칭찬입니다. 그러니까 '크리에이티브'란 광고의 핵심이라 할 수 있겠네요. 물론 크리에이티브하 다는 말은 광고계가 아니더라도 모든 분야에서 누구나 듣고 싶어 하는 말이지요.

광고 작가, 즉 광고 아이디어를 지어내는 사람도 '크리에이티브'라고 부릅니다. 크리에이티브는 명사로 '창의적인 사람, 작가'라는 뜻도 갖고 있거든요. 광고의 전반적인 기획은 기획자가 하지만, 광고 표현 아이디어 를 생각해 내고 직접 지어내는 일은 '크리에이티브'가 맡는 것입니다. 그러니까 광고에서 '크리에이티브'란 말은 두 가지 뜻으로 쓰이고 있다고 할 수 있습니다.

앞으로 어떤 광고의 '크리에이티브'가 뛰어나다고 하면, 광고의 아이디어가 창의적이라는 뜻으로 이해하면 좋겠지요?

✉ 광고는 왜 꼭 크리에이티브해야 하죠?

그런데 왜 광고는 크리에이티브해야 할까요? 창의적인 방법으로 소비자를 설득해야 하기 때문입니다. 자사 제품이나 서비스가 좋다고 주장하는 일은 누구나 할 수 있어요. 하지만 메시지를 설득적으로 전달하는 일은 쉽지 않답니다.

광고가 단순히 제품에 대한 정보만 알린다고 소비자를 설득할 수는 없습니다. 소비자가 제품의 이름과 장점을 기억해 준다 해도 구매해 주지 않으면 소용없으니까요. 광고는 소비자가 제품을 구매하도록 재미있는 방식으로 설득해야 한답니다. 그래야 소비자가 외면하지 않습니다. 그러니까 크리에이티브한 방식으로 소비자를 설득하는 일이 광고라 할 수 있겠네요.

그래서 광고는 같은 이야기를 하더라도 조금 더 새로운 방식으로 하지요. 새로 나온 화장품이 좋다고 하지 않고, 그것을 쓰면 얼마나 멋지게 보이는지 창의적인 방식으로 말합니다. 그 결과 소비자를 설득할 수 있다면 오랫동안 친구가 되는 것이지요.

📧 소비자 설득에 성공한 광고

소비자 설득에 성공한 광고 캠페인을 한 편 소개할게요. 요즘 앞서가는 세계의 기업은 광고를 통해 자사 브랜드의 장점만 일방적으로 알리지 않습니다. 자사 브랜드가 세계 여러 나라의 소비자에게 좋은 느낌을 주는 방법을 연구합니다. 그래서 광고인지 모르는 광고가 유행하고, 마치 비영리단체(NGO)가 집행한 것 같은 공익 캠페인이 유행합니다. 기업이 수익의 일부를 사회에 되돌려준다는 정신을 실천하고 있는 것입니다. 다음은 그 대표적인 사례입니다.

자동차 기업 상하이 뷰익의 인간 표지판 공익광고

중국 상하이에서는 해마다 늘어나는 교통사고 때문에 사고를 당하는 사람들이 많아졌습니다. 교통 당국에서 아무리 교통 신호를 잘 지키자고 해봐야 바쁜 상하이 시민들은 들은 척도 하지 않고 빨간 불에 길을 건넜기 때문에 별 효과가 없었지요. 이때 광고대행사 로우(Lowe)가 새로운 아이디어를 냈습니다. 시민들이 교통 표지판을 무시하니까 아예 시민들이 교통 표지판이 되게 하자는 것이었죠.

광고 제작자들은 우선 교통사고가 난 현장과 그곳에서 교통사고를 당한 사람들을 조사했습니다. 그리고 광고에 그 사람들을 실제로 출연시키기로 했지요. 교통 표지판의 신호를 무시하고 길을 건너다가 사고를 당한 실제 인물 아홉 명을 섭외했습니다. 그들은 광고의 취지에 동의했고, 모두 흔쾌히 촬영에 임했습니다.

광고에 쓸 장면은 단순했습니다. 교통사고 위험이 큰 사고 장소에 사고 당사자인 모델이 가서 직접 교통 표지판을 들고 있는 것이었습니다. 마치 교통 표지판이 된 것처럼 그 자리에 서서 무심한 표정으로 표지판 역할을 합니다. 이들의 모습은 도시 전체에서 화제가 되었고, 아홉 곳의 사고 장소에 표지판을 들고 표지판 대신 서 있는 주인공들의 모습을 담은 아홉 편의 포스터 광고가 선을 보였습니다. TV 광고도 제작했지요.

흔한 교통사고 예방 광고를 넘어 보행자와 운전자들이 교통 신호 준수의 중요성을 좀더 절실하게 느끼도록 한 것입니다. 그때까지의 교통안전 광고는 대개 처참한 교통사고 장면을 직접 보여주면서 경각심을 일깨우거나 과속하면 죽는다는 경고성 카피를 곁들이는 방법을 많이 썼습니다. 그러나 실화를 바탕으로 한 이 '휴먼 트래픽 사인(human traffic sign)' 광고 캠페인은 광고에서 군이 말장난이나 재주를 부리지 않더라

도 말하고 싶은 이야기를 정직하게 보여주면 공감을 얻을 수 있다는 교훈을 줍니다.

이 사례에는 또 하나의 특징이 있습니다. 보통 공익광고는 공익광고협의회 같은 단체에서 주관하는데, 이 공익광고 캠페인은 자동차 회사가 앞장서서 집행했답니다. 자동차 회사 제너럴 모터스 상하이의 뷰익(Buick)이 자신들의 마케팅 비용으로 공익광고 캠페인을 한 것이지요. 마케팅 비용은 자사 자동차 브랜드의 장점을 홍보하는 데 쓰는 것이 일반적입니다.

하지만 이들은 자동차 회사가 파는 자동차 때문에 교통사고가 일어나기도 하니까 교통안전에 대한 책임 의식을 갖고 공익광고에 비용을 지불했습니다. 중국의 보행자를 대상으로 한 광고였지만, 강력한 아이디어의 힘으로 국제적으로도 인정을 받았습니다. 칸국제광고제와 부산국제광고제 등에서 상을 받았지요.

📝 **토론해 봅시다**

1. 지금 가지고 있는 물건 중 광고를 보고 산 물건이 있나요? 그렇다면 그 광고의 어떤 점에 설득되어서 샀는지 생각해 보고 친구들과 이야기해 봅시다.
2. 중국의 '휴먼 트래픽 사인' 광고는 자동차 기업이 제작한 공익광고입니다. 기업이 직접 공익광고를 제작하는 이유에 대해 이야기해 봅시다.
3. 여러분도 '자동차 운전을 조심해서 하자'는 주제로 공익광고를 한 편 구상해 보세요. 광고의 아이디어와 대상을 어떻게 설정할지 이야기해 봅시다.

2

소비자가 하나의 물건을
구매하기까지

 '아이다(AIDA)'가 뭔가요?

〈아이다(Aida)〉라는 오페라를 아시나요? 전쟁포로가 되어 이집트 왕궁에서 노예로 일하는 에티오피아 공주 아이다의 이야기입니다. 극 중에 나오는 〈개선행진곡〉이란 음악이 유명하지요.

광고에도 '아이다'가 있답니다. '아이다(AIDA)'란 각각 영어 단어의 첫자를 따서 만든 이름인데, 소비자가 어떤 메시지를 받고 구매 결정을 내릴 때 순서대로 단계를 통해 이동한다는 것입니다. 소비자는 우선 메시지에 '주의(Attention)'를 기울이고, '흥미(Interest)'를 갖게 되고, '욕망(Desire)'을 느끼면, 마지막으로 '행동(Action)'을 한다는 것이지요. 1898년 미국의 광고인 엘모 루이스(Elmo Lewis)가 제시한 모델인데, 세월이 지난 오늘날에도 유용하게 쓰고 있답니다.

1920년에 미국의 롤랜드 홀(Roland Hall)이란 학자는 욕망과 행동 사이에 '기억(Memory)' 단계를 추가해서 AIDMA 모델을 발표하기도 했지요. 어떤 제품을 보고 사고 싶은 욕망이 생겼다 해도 정작 그 이름을 잊어버리면 곤란하겠죠? 그래서 기억하는 단계가 필요하다고 한 것이랍니다.

AIDA의 단계

AIDA모델을 단계별로 알아볼까요?

- A(Attention): 주의
- I(Interest): 흥미
- D(Desire): 욕망
- A(Action): 구매행동

그러니까 기업이 어떤 제품의 광고 메시지를 소비자에게 보낸다고 해서 바로 제품을 구매하는 것이 아니군요. 광고를 처음 본 소비자의 심리를 한번 따라가 볼까요?

민영은 고등학교 2학년입니다. 학원을 가기 위해 지하철을 타는데, 마침 지하철역에서 새로 나온 '슬리미' 라면 광고를 보았습니다. 음악을 들으며 지하철이 오기를 기다리다가 광고가 눈에 들어온 것이지요. 물론 처음에는 광고에 눈길을 주지 않았어요. '라면이 라면이지 뭐 새로울 게 있겠어?'라고 생각했거든요. 그런데 광고 모델이 마음에 들어 다시 보게 됐어요. 새로울 것 하나 없는 라면 광고가 모델을 잘 써서 민영의 '주의

(Attention)'를 끈 것이지요.

아울러 '흥미(Interest)'도 생기기 시작했습니다. 모델이 마음에 들기도 했지만, 새로 나온 라면이 다이어트에 도움이 된다는 광고 카피를 읽었거든요. '흠, 라면을 먹는데도 살이 찌지 않는다고?' 하는 생각이 들었죠. '밤에 배고파서 먹고 자면 얼굴이 붓는 라면이 어떻게 다이어트에 도움이 되지?' 자세히 보니 면을 밀가루 대신 곤약으로 만들었다는군요. 갑자기 라면에 대한 거부감이 스르르 녹기 시작했습니다.

'그래, 바로 이거야! 학원 끝나면 편의점에 들러 꼭 사야겠다.' 제품에 흥미를 느껴 사야겠다는 '욕망(Desire)'까지 생겼습니다. 마침내 지루한 수업이 끝나고 학원 바로 앞 편의점에 들러 아까 지하철 광고에서 본 신제품 슬리미 라면을 하나 샀습니다. 민영은 우연히 광고를 보고 나서

'구매행동(Action)'을 한 겁니다.

　신제품 슬리미 라면의 광고는 성공했군요. 소비자가 AIDA라는 과정을 거쳐 마지막 A인 '구매행동'을 해주었으니까요.

AIDA에서 가장 중요한 건 Attention

　그런데 실제 상황에서는 마케팅이나 광고가 그렇게 쉽게 성공할 리가 없습니다. 모든 소비자가 광고에 '주의'를 기울이고, '흥미'를 갖고, '욕망'을 품고, 제품을 직접 구매하는 '행동'을 해주지는 않거든요.

　학원 가는 민영의 다른 시나리오를 써볼까요? 민영은 지하철 광고를 우연히 보게 됐습니다. 슬리미 라면 광고네요. '난 라면 싫어해.' 광고를 힐끗 보고는 고개를 돌리고 듣고 있던 음악의 볼륨을 키웁니다. 마침 기다리던 지하철이 오고, 민영은 올라탑니다. 수업 마치고 학원 앞 편의점에 갔지만 그래놀라 에너지바 하나를 사서 집으로 향합니다. 곤란하군요. 광고의 효과가 없었으니까요. 그래서 마케터와 광고인들은 소비자 분석을 다시 합니다. 도대체 무슨 잘못을 했기에 유명 모델까지 출연시켜 애써 만든 광고가 외면당한 걸까요?

　여러 이유가 있지만, 우선 학원 다니는 고등학생 소비자 민영이 적합한 대상이 아닐 수 있다는 점에 주목해야 합니다. 먹어도 살이 찌지 않는다는 라면 광고의 타깃이 체중 관리에 민감한 사람이라는 것은 틀림없겠지요. 하지만 짧은 순간에 주목을 끌지 못한 점이 실패의 원인입니다. 공부하느라 운동할 여유가 없어 다이어트에 민감한 소비자에게 바로 그 이야기를 건넸으면 어땠을까요? 광고 헤드라인에 '먹어도 살찌지 않는 라면'이라는 소비자 혜택을 바로 말해 주었으면 광고를 한 번 더 봐

주지 않았을까요? 광고의 기대수명은 2초 정도밖에 되지 않는다는 사실을 기억할 필요가 있겠네요. 2초 안에 소비자의 주목을 끌지 못하면 헛수고란 것이지요.

대화의 시작도 Attention이 중요해

이제 AIDA모델에 대해 이해하셨지요? 이는 꼭 광고에만 적용되는 원리가 아니랍니다. 새 학기에는 새로운 친구들을 많이 만납니다. 괜찮은 친구를 발견했는데 워낙 성격이 새침해서 말을 걸기도 어렵습니다. 그럴 때 여러분은 어떻게 대화를 시작하나요? 노래 가사처럼 "이름이 뭐예요? 전화번호 뭐예요?"로 시작하나요? 그 친구 발밑에 휴대폰을 일부러 떨어뜨리나요? 쉬는 시간마다 그 친구 앞을 계속 왔다 갔다 하나요? 느닷없이 다가가 화학반응 전과 후에도 질량이 변하지 않는 게 '질량 보존의 법칙' 맞나 물어보나요? 이래서는 곤란하지요. 새침한 성격을 가진 친구들은 그런 행동에 반응하지 않아요. 좀더 자연스럽게 친구의 주목을 끌 방법을 연구해야 한답니다.

모든 상황에 들어맞는 방법은 없겠지만, 하나만 알려줄게요. 상대의 관심사에 질문을 맞추는 것입니다. 그 친구를 잘 관찰하다가 그 친구가 좋아하는 것에 관심을 보이면 어떤 반응을 보일까요? 아주 사소한 동작이나 말투, 음악, 필기도구, 걸음걸이 같은 데 공통 화제가 숨어 있답니다. 나는 필기할 때 아무 펜이나 쓰는데, 그 친구는 꼭 0.7밀리미터 볼펜만 고집한다면? 나는 휴대폰 살 때 무료로 받은 휴대폰 케이스를 쓰는데, 친구는 유명 캐릭터가 있는 휴대폰 케이스를 쓴다면? 이렇게 작은 차이점이 좋은 대화의 시작이 될 수 있어요.

낮선 상대의 관심을 얻기 위해 건네는 이런 작은 이야깃거리를 '스몰 토크(Small talk)'라고 하지요. 내게 주의를 집중시키려면 노력이 조금 필요하군요. 그래서 광고를 만들 때 항상 2초 안에 소비자의 주의를 끌기 위한 다양한 방법을 찾기 위해 노력하는 것이랍니다.

앞에서 언급한 라포르를 형성하는 것도 중요하겠죠? 용건을 말하기 전에 먼저 마음이 통하면 대화가 쉬워지니까요. 부모님에게 용돈 좀 달라고 바로 이야기하는 방법도 있지만, 부모님이 좋아할 주제로 먼저 대화를 시작하면 한층 부드러워질 것입니다.

✉ '아이사스(AISAS)'는 뭔가요?

요즘엔 AIDA모델만 알아서는 곤란해요. AISAS모델이 새롭게 등장했거든요. 단계별로 정리하면 다음과 같습니다.

- A(Attention): 주의
- I(Interest): 흥미
- S(Search): 검색
- A(Action): 구매행동
- S(Share): 공유

AISAS의 첫 부분인 A와 I는 AIDA모델과 똑같아요. 그런데 구매행동 앞뒤로 S가 하나씩 들어갔네요. 첫 번째 S는 '검색(Search)'이랍니다. 소비자가 어떤 광고에 주의를 기울이고 흥미를 갖게 되면 검색을 한다는 것이지요. 인터넷이 발전한 이후로 생긴 우리의 습관이에요. 옛날에는 백과사전을 찾아보았지만, 지금은 손가락으로 터치 몇 번 하면 바로 알 수 있지요. 제품 세부 정보가 필요하면 홈페이지에 가보고, 거기에서 만족하지 못하면 신문 기사를 검색합니다. 그래도 더 알고 싶으면 외국 언론 기사나 전문지의 동종 제품 평가도 검색하여 참고합니다. 동호인들이 모인 카페에 가입하여 살아 있는 뜨끈뜨끈한 정보를 찾아내기도 합니다.

한 유명 카메라 브랜드가 신제품을 출시하면서 '시야율 100퍼센트'라는 카피를 내세워 광고를 했습니다. 그 제품은 대번에 사진 애호가들의 인기를 얻어 많이 팔렸지요. '시야율 100퍼센트'는 카메라 뷰파인더에 피사체가 보이는 그대로 100퍼센트 찍을 수 있는 기능이어서, 최고급 DSLR 카메라의 상징이지요. 시야율이 100퍼센트보다 낮으면 피사체가 눈으로 보는 것보다 더 많이 담기게 된답니다. 사진에 원하지 않는 부분이 다 나오므로 나중에 잘라내야 하는 것이지요.

그런데 얼마쯤 지나자 그 제품을 구입한 소비자들이 불평을 하기 시작했습니다. 실제로 사진을 찍어보니 시야율이 97퍼센트 정도였거든요. 관련 사이트에 불평의 글이 넘치고, 일본의 유명 카메라 잡지와 소비자들이 실측을 하기에 이르렀지요. 제품을 개발한 일본 본사에서도 실측을 해본 결과, 실제로 시야율이 97퍼센트로 나타났습니다. 허위 광고를 한 것이죠.

항의가 계속 이어지자 광고 문구를 '약 100퍼센트'라고 살짝 수정했지만, 소비자들의 분노를 가라앉힐 수는 없었습니다. 때로 소비자가 메이커보다 더 똑똑한 경우가 많다는 사실을 알 수 있지요. '뭐 그 정도 차

이야 별것 아닌데 좀 과장하면 어때? 97이나 100이나 똑같지'라는 태도가 일을 그르친 것입니다.

한번 브랜드 이미지에 금이 가면 회복이 어려우므로 조심해야 합니다. 광고에 거짓말은 금물이죠. 하나의 거짓말을 감추려면 새로운 거짓말이 일곱 가지 더 필요하다고 합니다. 제품이 좋아 알리고 싶은 욕심이 앞서더라도 광고에서 허위 사실을 말하거나 과장해서 말하면 곤란합니다.

전설적 카피라이터 데이비드 오길비도 가족에게 보여줄 수 없는 광고는 만들지 말라고 했습니다. "당신의 가족에게 보여주고 싶지 않은 광고는 절대로 만들지 마십시오. 당신은 아내에게 거짓말을 하고 싶지는 않을 것입니다. 제 아내에게도 그러지 마십시오."

공유가 중요한 시대

이제 소비자들은 사고 싶은 제품이 있을 때는 가격비교 사이트에 들어가서 최고가와 최저가를 제공하는 업체를 찾아봅니다. 검색 결과에 따라 인공지능의 도움으로 비슷한 제품을 추천받기도 합니다. 이전에 비해 광고하기가 참 어려워졌네요.

하지만 마지막에 S가 하나 더 있어요. 그 마지막 S는 '공유(Share)'입니다. 나만 알고 있기에는 너무도 아까운 정보는 바로 친구와 가족에게 공유하게 되지요? 지금처럼 손가락 터치 하나만으로 공유가 쉬운 시대에는 유용한 정보가 순식간에 전 세계로 퍼져나갑니다. 공유 기술 덕분에 한번도 만나 보지 않은 한국 가수 BTS, 블랙핑크의 신곡을 페루에 사는 팬이 즐기고 있지요. 그래서 광고인들도 유용한 제품 정보를 담은 광고가 한국의 TV 방송을 벗어나 전 세계의 소셜 미디어를 통해 널리 널리 퍼져나가길 기대하고 활약하고 있답니다.

광고에서 사람들 간의 공유가 쉽고 비용이 들지 않는다고 해서 기대만 할 수는 없습니다. 좋은 것만 공유하는 것은 아니거든요. 때로 나쁜 마음을 먹은 소비자가 제품에 대한 가짜 뉴스나 거짓 정보를 재미로 공유하는 일도 있답니다. 미국 워싱턴의 한 피자 브랜드가 아동 성 착취 조직과 관계가 있다는 가짜 뉴스를 정말로 믿은 남성이 회사 지하실에 찾아가 총기를 난사한 일이 있었지요.

또 미국 기업 A의 회장이 "A는 도널드 트럼프 대통령 지지자들과 비즈니스 하고 싶지 않다"고 말했다는 이유로 A 기업의 보이콧 운동이 시작된 적이 있습니다. 물론 A 기업의 회장은 그런 이야기를 하지 않았지만, 대통령 지지자들이 가짜 뉴스를 퍼뜨린 것이지요. A 기업을 보이콧한다는 해시태그를 붙여 공유하는 바람에 주가가 바로 떨어졌고 제품 불매운동도 생겨났습니다. 누군가가 악의를 품고 B 전자 회사의 베트남 공장에서 유혈사태가 일어났다는 이야기를 공유했지만, 그것 역시 가짜 뉴스임이 밝혀진 적도 있습니다.

시간이 지나면 거짓 정보나 가짜 뉴스는 대개 거짓임이 밝혀지지만, 누군가가 고의로 혹은 무심코 잘못된 정보를 공유하기 시작하면 산불처럼 걷잡을 수 없게 번지고 맙니다.

소비자의 반응을 알려면 아이다와 아이사스를

이제 여러분은 두 개의 유명한 소비자 반응 모델을 알게 됐을 것입니

다. 하지만 사람의 마음이 반드시 그러한 모델대로 움직이는 것은 아니라는 점을 잊지 않아야 하겠지요? 어느 코미디 프로그램이 생각나네요. 지난번과 같은 질문을 받은 선생님이 이번에는 다른 대답을 합니다. 학생이 같은 질문에 대한 대답이 왜 다르냐고 항의합니다. 선생님은 미소를 지으며 대답합니다. "그때그때 달라요." 우스갯소리로 넘길 수도 있지만, 우문현답이란 생각이 듭니다.

가입자를 끌어오기 위한 한 이동통신사의 광고 카피는 "사랑은 움직이는 거야"였습니다. 홍상수 감독도 〈지금은 맞고 그때는 틀리다〉란 제목의 영화를 만들었죠. 시대를 가리지 않고 변하지 않는 답도 있지만, 계속 답이 바뀌는 일도 많습니다. 아침까지 옳다고 알고 있던 사실이나 정보가 저녁에 바뀌어 있는 일도 있습니다. 어제 갔던 맛집이 예고 없이 문을 닫기도 하지요.

광고 공부를 위해서는 변화하는 현실을 받아들이는 유연한 사고가 필요하답니다. 때로 엉뚱하다고 비난받는 경우도 있지만, 창의적인 생각을 하기 위해서는 평소에 답을 마음껏 틀려도 좋습니다. 단, 가짜 뉴스 등으로 남에게 해를 끼치면 안 되겠지요.

살다 보면, 하나의 문제에 하나의 답만 있는 것은 아니란 것을 깨닫게 된답니다. 소비자 반응 모델들도 100퍼센트 믿으면 곤란하다는 것 눈치 챘나요? 상식으로 알고 있으면 소비자의 심리를 이해하는 데 도움이 된다고 생각하는 것이 좋겠습니다. 마무리를 위해 다시 한 번 소개합니다. AISAS모델은 'Attention(주의)-Interest(흥미)-Search(검색)-Action(구매행동)-Share(공유)'의 과정을 말합니다.

📥 토론해 봅시다

1. 여러분은 실제로 사고 싶은 물건이 있을 때 검색을 먼저 하나요? 어떤 사이트에서 어떤 검색어로 물건을 찾아보는지, 블로그나 인스타그램, 유튜브 등 다양한 온라인 정보 중 어떤 것을 가장 신뢰하는지 친구들과 이야기해 봅시다.
2. 여러분은 인터넷에 후기나 리뷰를 남기는 편인가요? 어떤 경우에 AISAS모델의 '공유'에 해당하는 행동을 하는지 친구들과 이야기해 봅시다.
3. 혹시 실제 여러분이 물건을 살 때는 AIDMA모델, AIDA모델, AISAS모델과는 다른 과정을 거친다고 생각되는 점이 있다면 친구들과 이야기해 봅시다.

3
자랑 대신 이야기하기,
스토리텔링의 힘

'스토리텔링(storytelling)'이란 말 많이 들어보셨지요? '스토리(story)'는 '이야기'이고, '텔링(telling)'은 '들려주기'이니까 '이야기 들려주기'란 뜻이지요. 재미있는 이야기를 들은 사람이 잊어버리기 전에 다른 누구에게 꼭 들려주고 싶어 하는 것은 우리의 본능입니다.

선사시대부터 인류는 이야기를 즐겼다고 합니다. 일과를 마친 밤에 모닥불을 피워놓고 둘러앉아 그날 있었던 이야기를 했겠지요. 식구들을 먹이기 위해 사냥하러 갔다 온 사람들은 돌도끼 하나로 맹수를 때려잡은 이야기를 했을 것입니다. 어떤 이들은 제습기도 없는 동굴집 내부가 얼마나 습한지 이야기하고, 심지도 않았는데 저절로 싹이 튼 곡식이 신기하다는 이야기 등을 했겠지요.

때로 말로는 모자라 동작을 곁들여서 자신이 얼마나 용감했는지, 얼마나 슬기롭게 집안일을 해냈는지 표현했을 것입니다. 우렁차게 울부짖는 맹수의 소리를 흉내 내기도 하고, 무섭게 덤비는 동작을 과장해서 표현하기도 했을 것입니다. 실감 나게 전달하려고 말과 동작을 함께 했겠지요. 그러다가 이야기는 문학이 되고, 동작은 무용이 되었으며, 그런 모든 것이 합쳐져 연극이 되었습니다.

스토리텔링의 기원이 생각보다 오래됐죠? 또 인류는 그림으로도 흔적을 남겼어요. 구석기 시대에 살던 원시인 중 그림을 잘 그리는 사람이 자기가 꼭 남기고 싶은 이야기를 바윗돌이나 동굴 같은 데에 그림을 그려놓기도 했습니다.

약 1만 5,000년 전에 스페인의 원시인들이 그린 알타미라 동굴의 멋진 벽화를 8세 소녀가 찾아냈다고 하지요. 들소, 노루, 말, 산돼지를 울퉁불퉁한 암반의 기복을 이용해서 실감 나게 그렸는데, 지금 보아도 수준이 워낙 뛰어나 스페인 화가 호안 미로는 "동굴 벽화 이후로 회화는 계속 퇴보했을 뿐이다"라고 말했다고 하네요.

우리나라에도 신석기시대 그림으로 보이는 울주 대곡리 반구대 암각화가 유명하지요. 바위에 고래, 개, 늑대, 호랑이, 배와 어부의 모습, 사냥하는 광경 등이 그려져 있습니다. 특히 울산이 먼 옛날부터 고래잡이로 유명했으므로 고래잡이 모습을 그려놓았다는 것이 흥미롭군요. 그림으로 스토리를 전했으니 스토리텔링이 아니라 스토리쇼잉(story showing)이라 할 수 있을까요?

기술 발전이 스토리텔링에 날개를 달다

스토리는 말이나 그림으로 전해 내려오다가 인쇄기술이 발달하면서 날개를 달게 되지요. 독일의 구텐베르크가 1455년에 금속 활자로 성서를 인쇄했고, 우리나라에서는 1377년 금속 활자로 불교의 가르침인 『직지』를 인쇄했어요. 놀라운 일이지요? 그 전에는 구텐베르크가 금속 활자를 세계 최초로 발명했다고 알려졌어요. 그러다가 우리나라가 78년 앞서 발명한 사실이 밝혀지면서 『직지』가 2001년에 유네스코 세계기록문화유산으로 등재되었답니다. 기록이 남아 있지 않아서 그렇지 갖가지 예의를 다룬 글을 모은 책 『상정고금예문』은 구텐베르크보다 200년 앞섰다고 하지요.

금속 활자가 등장한 것이 왜 중요한 사건일까요? 이전에는 나무판을 조각도로 깎아 활자를 새긴 목판 활자가 유행이었어요. 합천 해인사에 있는 『팔만대장경』이 바로 목판으로 되어 있지요. 그런데 목판 활자는 나무판을 조각칼로 깎아서 만드는 방식이라 만들기는 쉬운데 시간이 지나면서 문제가 생겼어요. 나무판에 먹물을 묻혀 종이에 인쇄하다 보니 나무판이 휘거나 틀어졌고, 애써 새긴 활자는 금방 닳고 깨졌어요. 그래서 금속을 녹여 한 글자, 한 글자씩 만드는 금속 활자를 발명하게 된 것이지요.

잘 망가지지 않는 금속 활자가 등장하여 책을 대량으로 만들 수 있게 되자, 그동안 구전으로만 전해지던 이야기가 대량으로 생산되기 시작합니다. 물론 문자로만 만들던 책에 그림도 넣을 수 있게 되면서 이야기는 더욱 실감 나게 전승되었지요.

최초의 인쇄 광고도 그 시절 등장했습니다. 책을 찍고 남는 자투리 종이에 광고 문구를 인쇄하기 시작한 것이지요. 광고 메시지를 담은 포스터의 인기가 높아져서 런던 시내가 온통 광고 포스터로 덮일 지경이었답니다.

1895년에는 영화가 등장해서 스토리텔링의 혁명을 보여줍니다. 문자와 그림으로 시작해서 이제 움직이는 영상으로 스토리를 전달하니 얼마나 실감 났을까요? 세계 최초의 영화로 알려진 프랑스 뤼미에르 형제의 〈열차의 도착〉은 내용이 매우 단순합니다. 기차가 기차역으로 들어오고 사람들이 내리고 타는 50초 정도 길이의 영화였죠. 그렇지만 관객들은 기차가 정말로 자신들에게 다가오는 것 같은 공포에 질려 비명을 지르거나 상영관 밖으로 뛰쳐나갔다고 합니다.

오늘날의 광고 역시 실감 영상의 덕을 보고 있지요. 현란한 컴퓨터그래픽과 AR(증강현실), VR(가상현실) 영상이 광고 효과를 한껏 높여 주고 있습니다.

✉ 매력적인 이야기 구조를 갖고 있나

스토리텔링을 공부하려면 이야기의 구조를 알아야 합니다. 대표적인 이야기의 구조는 국어 시간에 배운 '기승전결(起承轉結)'을 말합니다. 기(起)는 '일어나다'라는 뜻이니까 사건이 처음 일어난다는 것이죠. 승(承)은 '이어가다'라는 뜻이니까 사건이 계속 진행된다는 것입니다. 전(轉)은 '뒤집히다'라는 뜻이니까 사건의 흐름이 갑자기 정반대로 뒤집어지는 것을 말합니다. '반전'을 이야기하는 것이죠. 결(結)은 '매듭 짓다'라는 뜻이니까 이야기의 마무리를 말하지요.

기승전결 구조를 이용해서 영상 광고의 스토리를 하나 만들어볼까요? 기승전결 구조에 맞추어보기 위해 편의상 네 장면으로 구성해 보지요. 첫 장면은 도심 한복판을 걷는 엄마와 딸. 맞은 편에서 갑자기 호랑이가 나타나 '어흥' 하고 소리 지릅니다. 두 번째 장면은 겁에 질린 아이의 표정. 세 번째 장면에서는 호랑이 주인이 호랑이에게 목줄을 채웁니다. 네 번째 장면에서는 호랑이로 보였던 개의 주인이 변명합니다. "우리 개는 순한데……"

거리에서 만난 호랑이가 반려견이었던 것인데 아이는 마치 호랑이처럼 무섭게 느꼈고, 반려견 주인은 자기 개는 순하다고 생각하고 있었다는 이야기입니다. 실제로 집행되었던 공익광고의 이야기 구조입니다. 충실하게 기승전결 구조를 따라 구성했지요?

🔲 스토리텔링에서 가장 중요한 건 반전

기승전결 구조로 이야기를 꾸밀 때 가장 중요한 부분은 어디일까요? 바로 '전(轉)'입니다. 이야기를 이어가다가 정반대 방향으로 뒤집는 것이지요. 그래야 재미를 느끼거든요.

광고의 목적은 판매입니다. 그래서 제품이나 서비스의 좋은 점을 자랑스럽게 이야기하기 쉽고, 그러다 보면 메시지는 대개 딱딱해지기 마련입니다. 그러나 그런 광고는 소비자에게 외면당합니다. 친구 사이에도 자

기 자랑만 늘어놓는 친구는 재미없는 친구가 되는 것과 같습니다.

세계적인 조사 회사 닐슨(Nielson)의 최근 조사에 의하면, 소비자가 광고에서 정보를 수집할 때, 보다 개인적인 관계를 원하는 것으로 나타났습니다. 우리의 두뇌는 딱딱하고 차가운 사실보다 스토리텔링을 더 좋아한다는 것이죠.

그래서 반전 있는 이야기로 소비자의 이목을 끄는 것이 중요합니다. 자랑할 것이 있더라도 직접적으로 떠벌리는 대신 재미있는 이야기로 만들어 전달해 보면 어떨까요? 더 효과가 좋을 것입니다. 입에 쓴 약을 달콤한 사탕으로 덮어씌워 먹기 좋게 하는 기술이 바로 광고에서의 스토리텔링이랍니다.

📧 2단 구성으로 임팩트 있는 광고를

짧은 광고 시간 안에 기승전결을 모두 담는 건 너무 어렵다고요? 그래서 알아두면 좋은 것이 '2단 구성'입니다. 첫 장면에 임팩트(impact) 강한 장면을 제시해 주의를 끌고, 다음 장면에서 앞의 이야기를 비트는 반전(twist)으로 마무리해 강한 인상을 주는 방법입니다. 영화나 드라마처럼 상영 시간이 길면 기승전결의 구조를 갖출 여유가 있지만, 광고는 15초나 30초 안에 할 말을 인상적으로 해야 하니까요.

효과적인 스토리텔링의 구조는 '?' → '!'인 것이지요. 감상자가 처음에 '뭐지?' 하며 궁금해하다가 답을 알고 나서 '아하!' 하고 고개를 끄덕이게 되는 구조입니다. 스토리를 기승전결식으로 구성해도 좋지만, 꼭 그 순서대로 할 필요는 없어요. 광고 첫 장면부터 강한 인상을 주어야 주의를 끌 수 있으므로 기승전을 생략하고 결말부터 제시해서 놀라게 하는 방법을 자주 쓴답니다. 효과적인 스토리텔링의 구조는 '?' → '!'란 것을 잊지 마세요.

토론해 봅시다

1. 문자가 없어 역사를 기록하지 못했던 선사시대부터 인류는 이야기를 즐겼다고 합니다. 원시인이 되었다고 상상하고 오늘 경험한 스토리를 친구에게 실감 나게 이야기해 봅시다.

2. 광고는 15초나 30초 안에 메시지를 감동적으로 전달해야 합니다. 최근 본 영화의 스토리를 30초로 압축해서 친구에게 이야기해 봅시다.

3. 광고의 스토리텔링에 꼭 필요한 것은 이야기의 반전입니다. 오늘 아침에 실제로 겪은 시시한 이야기에 반전 요소를 넣어 친구에게 이야기해 봅시다.

4

아이디어에 빛을 더하는
프레젠테이션

광고는 '아이디어 반, 프레젠테이션 반'입니다. 아이디어가 아무리 좋아도 제대로 설명하지 않으면 거절당합니다. 그래서 재미있는 아이디어를 내는 능력도 중요하지만, 그 아이디어가 빛을 볼 수 있게 잘 드러내는 일도 중요하지요. 그래서 광고 회사의 휴지통에는 실제로 광고로 만들면 성공할 수 있었던 금쪽같은 아이디어가 많답니다. 살아나서 빛을 본 아이디어보다 제대로 설명하지 못해 채택되지 못하고 죽어간 아이디어가 더 많지요.

여러분은 좋은 아이디어가 떠올라서 상대에게 설명할 때 어떻게 하나요? 교탁 앞으로 나가 숙제를 발표할 때는 어떤 식으로 하나요? 프레젠테이션에 성공하는 방법은 간단합니다. 나의 아이디어를 핵심이 되는 한 단어로 표현할 수 있는지 미리 점검하는 것이지요. 그래서 나의 설명을 들은 사람이 그 핵심 단어를 기억해 주는가가 성공의 관건입니다. 그러면 프레젠테이션을 잘하기 위해 알아야 할 것을 몇 가지 배워봅시다.

📧 내 이야기에 관심 없는 청중

프레젠테이션할 때 잊지 않아야 할 것이 있습니다. 청중은 다른 사람의 프레젠테이션에 흥미가 없다는 것이죠. 사람들은 여러 업무와 자신의 개인 생활로 너무도 바쁘거든요. 청중의 심리 상태는 대개 적극적이지 않아요. 그들은 당신의 프레젠테이션에 대해 아마 이런 식으로 생각하고 있을지 모릅니다. '자, 빨리 시작하세요. 미안하지만 당신이 설명하려는 아이디어에 나는 별로 관심이 없어요. 그저 프레젠테이션 듣는 일이 오늘 내가 해야 할 업무니까 묵묵히 들을 뿐이에요. 뭐 그 정도 이야기를 하려면 그냥 내가 직접 하는 게 낫겠네. 요점만 이야기하세요.'

다 그런 것은 아니지만, 청중은 대개 이런 심리를 갖고 프레젠테이션을 듣는 일이 많습니다. 내 주제에 대해 나만큼 심각하게 생각하는 사람이 없어요. 그러니 자신감을 가지고 청중의 주의를 끄는 방법을 연구해 봅시다. AIDA모델 기억하시지요?

그래서 프레젠테이션에서는 결론부터 말하는 것이 좋습니다. 혹시 상대가 알아듣지 못할까 봐 처음부터 장황하게 설명하다 보면 마음이 급한 상대가 중간에 제지할 수도 있거든요. '서론-본론-결론' 방식으로 설명하지 말고, '결론-이유'의 순서로 발표해 보세요. '제품이 많이 팔리지 않는 게 문제입니다'라고 시작하지 않고, '제품 판매를 연말까지 50퍼센

대한민국 최고의 지성들이 집필한 대안 교과서
창의력과 지성 및 인성을 키우고
진로 선택과 미래 설계의 힘을 길러주는 청소년 지식 교양 입문서

청소년
에세이
시리즈

해냄 청소년 에세이
시리즈 상세 정보

해냄 청소년 에세이
시리즈 독서 지도안

수능·논술
교과와 연계한
청소년 필독서!

대한민국 각 분야
최고의 지성들이
집필한 대안 교과서

지식과 교양을 함께 쌓는 〈해냄 청소년 에세이 시리즈〉

★ 서울시청 제공 추천도서
★ 세종도서 교양부문 선정도서
★ 문화체육관광부 우수교양도서
★ 대한출판문화협회 올해의 청소년 도서
★ 한국출판문화산업진흥원 청소년 권장도서
★ 한국간행물윤리위원회 청소년 권장도서

★ 책으로따뜻한세상만드는교사들 추천도서
★ 행복한아침독서 중고등학교 도서관용 추천도서
★ (사)전국독서새물결모임 대한민국 독서토론·논술대회 지정도서
★ 학교도서관저널 추천도서
★ 한국학교사서협회 추천도서
★ 청소년출판협의회 이달의 청소년 책

트 늘리려면 모바일 판매를 늘려야 합니다'라는 식으로 이야기하는 것이 효과적이죠.

아무리 좋은 이야기를 많이 해도 청중은 결국 한 번에 하나밖에 기억하지 못합니다. 그러므로 프레젠테이션도 관점을 바꾸어 접근할 필요가 있지요. 기획할 때 내가 주인공이었다면, 프레젠테이션할 때는 상대가 주인공입니다. 상대를 배려한다는 생각을 해보세요. 내가 하고 싶은 말이 아니라 청중이 듣기 원하는 말을 찾아내야 합니다.

📧 명함 뒤에 요약할 수 있어야 아이디어

좋은 아이디어가 떠올랐어도 그것을 명함 뒤에 요약할 수 없다면 아이디어가 아니라는 조언이 있습니다. 변호사들은 첫 변론을 30초 분량으로 요약해서 제시하고는 앞으로 몇 주 동안에 그 주장을 입증하겠다고 말하고요. 정치인과 마케터는 짧고 강력한 메시지를 반복해야 승리한다는 것을 알고 있지요. 오바마 대통령은 '변화(change)'라는 한 단어만 반복해서 선거에 이겼습니다. 참 슬기롭게 뽑은 슬로건이지요. 어느 시대건 사람들은 늘 변화가 필요하다고 생각하거든요.

사람들은 정보가 너무도 많으면 귀찮아서 피하는 경향을 보이기 때문에 광고에서도 중요한 메시지를 헤드라인으로 뽑는답니다. 일단 헤드라인이 먼저 독자의 눈을 끌면 자연스럽게 보디카피로 눈이 옮겨가니까요. 뉴스도 마찬가지입니다. 헤드라인이 독자의 관심을 즉각적으로 끌지 못하면 기사 본문을 읽어줄 리가 없지요.

애플의 설립자 스티브 잡스는 신제품 '맥북에어(MacBook Air)' 노트북을 소개하는 프레젠테이션을 직접 했습니다. 무대에 오른 그는 "오늘 공기 중에 뭐가 있네요(There's something in the Air.)"라는 말을 했습니다. 신제품 '에어'가 공기라는 뜻이니까 청중의 관심을 끌기 위해 그렇게 시작한 것이지요. 처음에 사람들은 그것이 무슨 뜻인지 몰랐지요. 그때 무대 중앙에 서서 맥북에어가 '세상에서 가장 얇은 노트북'이라고 설명하던 그가 탁자로 돌아갔습니다. 그러고는 그 위에 있던 노란색 서류 봉투를 집더니 그 안에서 마치 서류처럼 얇은 노트북을 꺼내 보여주었지요. 청중은 탄성을 내뱉었습니다.

서류만큼 얇은 제품을 개발한 것도 놀라웠지만 그것을 드라마틱하게 표현한 프레젠테이션은 더욱 인상적이었죠. '세상에서 가장 얇은 노트북'을 '공기처럼 가벼운 노트북'으로 기억시킨 것입니다. 가벼운 노트북을 원하는 소비자들이 구매 시점에 브랜드 이름 '에어'를 잊을 수가 없겠지요?

프레젠테이션에서 중요한 것은 내용입니다. 더욱 중요한 것은 내용을 압축하는 기술이고요. 따라서 메시지를 효과적으로 전달할 방법을 연구해야 합니다. 메시지가 너무 많아서 청중이 아무것도 기억하지 못하면 커다란 손실이죠.

모든 프레젠테이션에서 청중은 한 번에 하나만 기억한답니다. 그것도 주의를 기울여 잘 들어주었을 때 그렇지요. 준비가 덜 될수록 말이 길어지는 법입니다. 인터넷과 책을 뒤져 조사와 연구를 많이 했다고 자랑하는 것이 프레젠테이션이 아니죠. 꼭 전달하고 싶은 메시지를 '한 단어'로 줄이는 연습을 해보세요. 프레젠테이션 성공의 지름길입니다.

📧 인생은 프레젠테이션의 연속

따지고 보면, 인생 자체가 프레젠테이션의 연속이랍니다. 무언가를 파는 기술이 프레젠테이션이니까요. 세일즈 전문가 블레어 싱어(Blair Singer)는 '인생에서 세일즈는 필수'라고 이야기합니다. "우리는 매일 누군가에게 무엇인가를 판다. 정치가, 교사, 종교인, 아이들, 부모도 모두 뭔가를 팔고 있다. 반대 의견에 끊임없이 대처하고, 다른 사람을 설득해야 한다"는 것이지요.

미국의 한 연구소가 인간이 가장 공포심을 느끼는 상황을 연구했습니다. 깊은 물속, 외로움, 병, 죽음, 재정적 어려움 등이었죠. 그런데 1위는 '청중 앞에서 말하기'였습니다. 여러분도 남 앞에서 말하기를 싫어하나요? 귀찮거나 좋지 않은 반응이 두려운가요?

사람들과 어울리고 말을 섞는 것이 싫다고 혼자 지낼 수는 없지요. '인간은 사회적 동물'이란 말을 떠올리지 않더라도, 우리는 사람들과 소통하며 살아가야 한답니다. 내 생각이 어떤지 말을 해야 합니다. 상대가 내 생각에 동의해 주기를 바란다면 더욱더 나서서 말을 해야죠. 상대가 나를 다소 좋아하지 않더라도 먼저 이야기해야 소통에 성공합니다. 원하는 것을 먼저 말하는 사람이 원하는 것을 얻기 쉽거든요. 귀찮아하지 말고 먼저 말해 보세요. 원하는 것을 얻을 수 있을 겁니다.

🔍 **토론해 봅시다**

1. 좋은 아이디어가 있다면 그것을 명함 뒤에 요약할 수 있어야 합니다. 처음 만나는 이에게 나를 소개하는 아이디어를 명함 한 장 분량으로 이야기해 봅시다.

2. 프레젠테이션에서는 결론부터 말하는 것이 좋습니다. 혹시 오늘 제출하거나 발표할 과제가 있다면 첫 문장을 어떻게 시작할지 친구에게 이야기해 봅시다.

3. 내가 열심히 프레젠테이션을 해도 상대는 별로 흥미를 보이지 않습니다. 어떻게 해야 청중의 주의를 집중시킬 수 있을지 세 가지만 이야기해 봅시다.

5

좋은 아이디어를 내는
두 가지 방법

광고 아이디어를 낼 때는 두 가지를 먼저 생각해야 합니다. 바로 '무엇을 말할 것인가(What to say)'와 '어떻게 말할 것인가(How to say it)'입니다. 광고뿐만 아니라 실생활 속에서도 나의 아이디어를 상대에게 효과적으로 전달하려면 이 두 가지를 잘 생각해야 하지요.

📧 무엇을 말할 것인가

우선 광고 아이디어를 내기 위해서는 '무엇을 말할 것인가'를 제대로 찾는 일이 가장 중요합니다. 이를 '콘셉트(concept)'라고 부르지요. 광고는 워낙 짧은 시간에 지나가므로 좋은 콘셉트가 아무리 많아도 하나만

뽑아내야 합니다.

신형 노트북이 나왔는데 장점이 너무 많아 광고에서 무엇을 말해야 할지 모를 상황이라 합시다. '디자인이 새로워졌다. 무게가 훨씬 가벼워졌다. 색상이 다양해졌다. CPU 성능이 좋아졌다. 들고 다니면 멋지게 보인다. 성능은 올라가고 가격은 내려갔다. 모두 이 브랜드를 산다. 믿을 수 있는 브랜드다……' 광고 한 편에 하나의 콘셉트만 담아야 효과적이라 배웠는데 장점이 너무 많군요. 이렇게 많은 자랑거리 중에 가장 강력한 하나의 콘셉트를 정해 밀고 나가야 합니다. 광고대행사에서 기획 담당자가 이 업무를 하는데, 보통 혼자 결정하기 어렵기 때문에 소비자 조사 등을 거쳐 가장 적합한 것을 골라냅니다.

소비자 혜택이 있어야 좋은 콘셉트

광고는 그냥 재미있게 만들어서 소비자의 눈길을 끌면 될 줄 알았는데 미리 점검할 게 많네요. 어떻게 하면 광고의 콘셉트를 잘 찾아낼 수 있을까요? 콘셉트를 찾을 때 가장 중요한 것은 소비자에게 과연 어떤 혜택을 제공하는가를 따져보는 일입니다. 그것을 '소비자 혜택(consumer benefit)'이라 부릅니다. 제품이나 서비스를 구매하는 소비자는 반드시 지불한 금액만큼, 혹은 그 이상의 혜택을 얻기를 기대하거든요.

소비자는 선택에 대한 두려움을 갖고 있답니다. 혹시 경솔하게 판단해서 제품 구매에 지불한 비용보다 성능이 떨어질까 봐 두려워하지요. 이전에 그런 실패를 자주 맛본 소비자일수록 더욱 그런 마음을 갖고 있겠지요. 그래서 광고 콘셉트에 소비자 혜택을 잘 담으면 소비자의 마음을 열기가 쉽답니다.

소비자가 제품을 구매할 때마다 '이 제품을 사면 과연 어떤 혜택을 얻지?' 하는 의문을 가진다는 점을 꼭 기억하세요. 제품을 구매할 때 소비자가 가격 대비 성능을 뜻하는 '가성비'라는 말을 자주 쓰는 것도 바로 그런 이유 때문입니다.

소비자 혜택은 크게 두 가지가 있어요. '기능적 혜택'과 '심리적 혜택'입니다. 먼저 기능적 혜택이란 말 그대로 제품의 기능이 좋아서 소비자가 얻는 혜택입니다. 노트북을 예로 들면, 구동 속도가 빠르다거나, 들고 다니는 것을 느끼지 못할 정도로 가볍다거나, 터치패드가 부드러워 손가락에 닿는 느낌이 좋다거나 하는 것들이지요. 제품의 기능이 지불한 비용보다 좋다는 점을 잘 알리면 소비자는 광고를 통해 소비자 혜택을 실감할 수 있어요. 이처럼 광고 콘셉트를 찾을 때 어떤 기능적 혜택을 주어야 가장 만족감을 줄 수 있을지 정하는 작업이 꼭 필요합니다.

기능적 혜택보다 심리적 혜택을

앞서 말했듯 소비자는 제품을 구매할 때 기능만 따지지는 않습니다. 따라서 제품을 구매하면 어떤 심리적 혜택을 얻을 수 있는지를 제시해야 합니다. 광고의 콘셉트에 심리적 혜택을 담을 수 있다면 소비자의 마음을 열기 쉽기 때문입니다. 소비자는 '노트북의 성능이 좋다는 건 잘 알겠어. 그 외에 어떤 심리적 만족을 줄 수 있지?'를 궁금하게 생각합니다. 그래서 광고 콘셉트에 심리적 혜택을 담는 것이 좋습니다.

노트북이 소비자에게 줄 수 있는 심리적 혜택은 어떤 것이 있을까요? 도서관에서 공부할 때 남들의 부러운 시선을 느낀다거나 엄청나게 많은 과제를 남보다 빨리 마치고 놀 수 있다거나 속도가 빨라 접속하기 어려운 사이트에 남보다 먼저 들어가 쾌감을 느끼는 것 등이 아닐까요?

소비자가 항상 이성적으로 판단하지만은 않는답니다. 때로 지금 쓰는 노트북이 있어 새로운 노트북이 꼭 필요하지 않은데 충동적으로 구매하기도 합니다. 합리적이고 이성적인 판단만 하는 것이 아니라 감정 상태, 상황, 구매 시점 같은 주변 환경에 영향을 받습니다. 그래서 최근에는 마케터와 광고 기획자들이 소비자를 연구하기 위해 사람은 자신이 처한 다양한 환경에 따라 행동한다는 행동주의 심리학(behavioral psychology) 공부를 많이 한답니다.

📧 어떻게 말할 것인가

무엇을 말할지 확실하게 정했다면 '어떻게 말할 것인가'를 생각할 차례입니다. 어떻게 말할 것인가는 정해진 광고 콘셉트를 광고 표현 아이디어로 바꾸는 작업입니다. 표현 방법이라 할 수 있지요. 참고로, 일반적으로 광고대행사에서 '무엇을 말할 것인가'에 해당하는 콘셉트 개발은 기획자가 담당하고, '어떻게 말할 것인가'는 크리에이티브 팀이 담당합니다.

여러 콘셉트 중에서 '들고 다니면 멋지게 보인다'라는 것을 선택했다고 합시다. 소비자 혜택 중 심리적 혜택이네요. 이제 그것을 '어떻게 말할지' 생각해야 하겠어요. 콘셉트나 메시지를 광고로 멋지게 표현하는 방법을 찾아봅시다.

AIDA모델 기억하나요? 메시지를 전할 때 금방 소비자의 눈길을 끌어야 하겠지요. 수많은 표현 방법 중 2초 안에 소비자의 주의를 집중시킬 방법은 무엇일까요? 광고에서 가장 많이 사용하는 방법은 유명한 모델을 기용하는 것입니다. 비용이 많이 드는 만큼 효과가 바로 나타나기는 하지만, 별로 바람직한 방법은 아니겠지요? 아이디어가 없어 보이니까요.

어떻게 말할 것인가를 결정하려면 우선 재미있는 이야기를 찾아내야 합니다. 개그 프로그램처럼 무조건 재미만을 생각할 것이 아니라 광고하는 제품과 연관성이 있는 재미가 필요하죠. 아니면 소비자가 재미있는 이야기만 기억하고 제품이나 제품의 콘셉트는 기억하지 못할 테니까요. 소비자가 공감할 만한 재미있는 이야기를 어떻게 찾지요?

'소비자 인사이트'를 찾아야

소비자 인사이트(consumer insight)란 소비자의 행동이나 태도, 사고방식, 기분, 동기, 욕망 등 마음속에 숨어 있는 심리를 말합니다.

광고 회사에서는 소비자에 대해 자세히 알아보기 위해 집단심층면접(FGI, Focus Group Interview)을 자주 합니다. 그러나 그런 전통적인 조사로는 소비자 인사이트를 얻기 어렵지요. 사람들이 많이 모인 회의에서 소비자가 고해성사하듯이 진짜 속마음을 이야기하지는 않으니까요.

복잡다단한 인간의 속마음을 금방 알아내기란 어려운 일이죠. 따라서 평소에 주위 사람들을 유심히 살펴보는 것이 좋습니다. 연기를 잘하는 배우는 평소에 사람들을 관찰한 결과를 연기에 활용한다고 합니다. 모든 것을 경험할 수는 없으므로 간접경험을 통해 사람들의 미세한 심리를 표현하고 독특한 말버릇을 흉내 내며 색다른 걸음걸이를 연구해 재현해 내는 것이지요. 우리도 배우의 시선으로 사람들을 관찰해 봅시다. 아마 이전에 알지 못했던 사실을 알게 되고 느끼지 못했던 기분을 느끼게 될 겁니다.

소비자 인사이트를 잘 찾아내면 광고의 표현 방법도 찾기 쉽습니다. 소비자가 바로 공감할 이야깃거리를 발굴해 재미있는 이야기에 녹이면 되니까요. 예를 들어, 광고에서 노트북 성능이 뛰어나다고 직접 이야기하는 것은 지루하죠. 그런 직접적인 접근보다는 그 브랜드 이미지가 좋아서 노트북을 아직 열지 않았는데도 이미 많은 것을 이룬 기분을 표현하는 것이 더 좋겠지요.

광고 A는 노트북을 든 모델이 나와 카메라를 보며 제품의 성능을 이야기하는 아이디어라 합시다. 광고 B는 노트북 덕분에 시험을 잘 본 모델이 노트북을 가슴에 품고 잠든 모습을 보여주는 아이디어라 합시다. 소비자 인사이트를 이야기에 잘 녹인 것은 어떤 아이디어인가요? 여러분도 광고 아이디어를 낼 때를 대비해 소비자 인사이트를 기억해 두세요. 생각보다 쓸모가 많답니다.

📰 **토론해 봅시다**

1. 광고에는 소비자 혜택을 담아야 효과적입니다. 최근에 본 광고 중에서 소비자 혜택을 슬기롭게 담은 광고와 자랑만 늘어놓은 광고에 대해 이야기해 봅시다

2. 가장 아끼는 물건 하나를 정해서 그 물건이 주는 기능적 혜택과 심리적 혜택을 생각해 봅시다.

3. 기능적 혜택보다 심리적 혜택을 우선해서 구매한 물건도 있는지 떠올려보고, 어떤 심리적 혜택 때문에 구매했는지 친구들과 이야기해 봅시다.

6

소비자를 유혹하는
열 가지 표현법

일본의 세계적인 광고대행사 '덴츠(Dentsu)'의 크리에이티브 디렉터들이 쓴 『CM 플래너 입문』이란 책에서 알려준 효과적인 광고를 만드는 방법을 소개해 보려고 합니다.[4] 이것만 알면 여러분도 광고 아이디어 표현의 고수가 될 수 있답니다.

광고 아이디어 발상의 기본, 비유법

'비유'는 광고 아이디어 발상의 기본입니다. 딱딱한 콘셉트를 광고에서 그대로 직설적으로 표현하면 아무도 듣지 않습니다. 서툰 정치가의 연설처럼 들려서 외면당하죠. 그럴 때 하고 싶은 말을 무엇인가에 비유해 보세요. 순식간에 재미있어집니다.

아마존의 나무를 베어가지 말라는 공익광고에는 나무나 숲이 나오지 않습니다. 그 대신 무표정한 얼굴의 아마존 원주민 소녀만 나옵니다. 광고가 진행되는 동안 누군가의 손이 소녀의 머리카락을 계속 잘라냅니다. 화면 밖에서는 전기톱으로 나무를 자르는 소리가 들립니다. 머리카락을 자르는 화면에 나무 자르는 소리를 입혀서 섬뜩한 기분을 전달합니다. 마지막에 '쿵' 하며 거대한 나무가 쓰러지는 소리가 나오는 순간 머리카락이 다 잘린 소녀 얼굴 화면에 자막이 뜹니다. '아마존의 열대우림을 보호합시다.' 다큐멘터리 영화처럼 거대한 나무들이 쓰러지는 장면을 직접 보여주는 것보다 울림이 훨씬 크지요.

백문이 불여일견, 실증법

때로는 제품의 효과나 성능을 광고에서 직접 보여주는 것이 좋습니다. '백문불여일견(百聞不如一見)'이라는 말처럼, 백 번 듣는 것보다 한 번 보는 게 낫지요.

예를 들어, 과일 주스를 만드는 어느 믹서 광고의 콘셉트는 무엇이든 갈아준다는 것입니다. 그래서 스마트폰을 믹서 안에 넣고 돌려서 완전히 가루가 되는 모습을 실제로 촬영해서 광고로 보여주었죠. 길게 설명할 필요가 없지요.

📧 심심한 이야기에 상상력을, 과장법

과장법은 이야기를 오래 기억시키는 좋은 방법입니다. 제품의 성능을 거짓으로 부풀리는 '과장광고'와는 다릅니다. 심심한 이야기에 상상력을 더하는 방법이지요.

한 광고에 어느 영국 중년 신사가 소방차 뒤의 손잡이를 붙들고 타고 가는 장면이 나옵니다. 무슨 일일까요? 자기가 탈 버스인 줄 알고 올라탄 것이지요. 영국의 이층 버스 '더블데커(Double Decker)'는 빨간색인데, 소방차도 빨간색이라 착각을 한 것입니다. 아무 일 없다는 듯한 표정으로 소방차를 타고 가는 그의 모습 위로 자막이 떠오릅니다. '최근에 시력 검사하셨나요? 눈을 소중하게 생각하세요.' 안경점 광고입니다.

📧 2초 안에 시선 끌기, 비주얼 쇼크

2초 안에 소비자의 주의를 끌어야 한다는 것 아시죠? 그래서 광고는 시작하자마자 비주얼 쇼크(visual shock)를 주어야 합니다. 이야기 전개 상 처음부터 그렇게 하기 어렵다면, 전체 광고 장면 중 최소한 한 장면 이라도 충격을 주어야 합니다. 광고가 끝나도 소비자가 오래오래 기억할 한 장면이 반드시 필요합니다.

예를 들어, 조용한 한강에 갑자기 괴물이 나타나거나 엄청나게 큰 고릴라가 뉴욕의 고층 빌딩 숲에 나타나 건물을 하나씩 부수어버리거나 부산 가는 열차에 좀비들이 단체로 타서 승객을 위협하는 시각적 충격을 생각해 보세요. 절대로 잊을 수 없는 이야기를 만들 수 있습니다. 광고에 비주얼 쇼크가 없으면 소비자는 절대로 광고 내용이나 메시지를 기억하지 않습니다.

📧 편안한 웃음으로 소비자의 마음을 여는 유머

광고를 재미있게 만들어보세요. 무성영화 시대의 유명 배우 찰리 채플린(Charlie Chaplin)은 "웃지 않은 날은 낭비한 날이다"라는 말을 남겼지요. 우리는 생각을 너무 많이 하는데 정작 느낄 줄은 모르며 산다는 것이지요.

그가 코미디 배우라서 그런 말을 한 것만은 아닙니다. 웃음은 우리의 인생을 편안하게 해주거든요. 곧 벼랑 아래로 추락할 것 같은 어려운 상황에서도 잠시 멈추어 유머를 사용할 줄 안다면 위기에서 멋지게 벗어날 수 있답니다. "웃는 낯에 침 뱉으랴?"라는 속담도 있듯이 웃는 얼굴이 긴장을 녹입니다.

세상에 힘들지 않은 사람은 없습니다. 소비자도 마찬가지죠. 빡빡한 세상살이에 지친 소비자는 광고가 목적이 있는 이야기임을 알기에 더욱 들으려 하지 않습니다. 그러니 광고는 재미있게 만들어야 합니다. 소비자의 마음을 열고 잠시 쉬어가는 여유를 주어야 비로소 메시지를 들려줄 틈이 생기기 때문이죠. 유머를 사용하면 소비자의 마음이 열린다는 사실을 잊지 마세요.

📧 살짝 비틀어 재미를 주는 패러디

'패러디(parody)'란 유명한 작품의 소재나 작가의 문체를 흉내 내어 익살스럽게 표현하는 것을 말합니다. 창의적인 사람들 마음속에는 응용력이 들어 있습니다. 재미있는 무엇인가가 등장하면 순식간에 그것을 비틀어 표현하지요. 그래서 코미디의 유행어, 드라마의 명대사, 영화의 한 장면, 뮤직비디오의 한 소절 등은 좋은 패러디 거리가 됩니다. 원본을 많은 사람이 알기 때문에 조금만 비틀어 표현하면 금방 알아듣고 바로 호응하지요.

광고에서 다른 광고나 잘 알려진 영화 장면을 패러디해 보세요. 〈미워도 다시 한번〉이라는 영화가 있었는데 한 고추장 광고가 '매워도 다시 한번'이란 패러디 카피로 소비자에게 재미를 선사했지요. 다른 분야에서도 따지고 보면 같은 원본을 두고두고 패러디하는 경우가 많답니다. 뉴욕의 뒷골목 이야기인 〈웨스트사이드 스토리〉라는 뮤지컬 영화는 셰익스피어의 『로미오와 줄리엣』이 원본이지요. 원수의 자식과 사랑에 빠진다는 이야기가 같아요.

📧 회사의 정체성을 드러내는 로고

'로고(logo)'를 기억시키는 광고를 만들어보세요. 로고는 '로고타이프 (logotype)'의 준말인데, 회사명이나 브랜드 이름의 특징을 살려 만든 상징을 말합니다. '삼성' 'LG' '구글(Google)' '애플(Apple)' 같은 브랜드를 연상하면 독특한 모양이 떠오르지요. 소비자가 기억하기 좋게 만들어 다른 경쟁사 제품과 구분이 되게 한 것입니다. 그래서 로고를 멋지게 움직이는 애니메이션으로 만들거나 음향을 함께 넣어 강한 인상을 주기도 합니다.

컴퓨터 프로세서를 만드는 '인텔 인사이드(Intel Inside)'는 '띵띵띵띵'이란 사운드 로고(sound logo)로 전 세계의 소비자들에게 강한 인상을 남겼지요. '코카콜라'는 지금 이 순간에도 전 세계 광고인들이 물결처럼 생긴 영어 로고를 이용해 무수한 명작을 창작해 내고 있습니다.

📧 소비자의 귀를 자극하는 시즐

'시즐(sizzle)'이란 소리를 활용하는 광고 기법을 말합니다. 시즐은 원래 고기 구울 때 나는 소리인데, 우리말로 옮기면 '지글지글'이 되겠네요. 특히 음식 광고에서는 필수적인 요소입니다. 라면이 보글보글 끓거나 콜라를 꿀꺽꿀꺽 마시거나 치킨이 펄펄 끓는 기름 속에서 탁탁 소리 내며 익어가거나 맥주병을 따는 순간 빡 하는 소리가 나면서 우리의 식욕을 자극하지요.

시즐을 잘 살려 그 음식을 먹고 싶게 만드는 음식 광고는 성공이지요. 30초 동안 아무 말 없이 지글거리는 스테이크만 먹음직스럽게 보여 준다면 얼마나 먹고 싶을까요? 광고에 다른 요소들은 굳이 집어넣을 필요가 없을 것입니다. 무슨 제품인지 알 수 있도록 마지막에 로고만 슬쩍 넣으면 되겠지요.

📧 등장하는 순간 시선 집중, 3B

광고에 3B가 나오면 이미 절반은 성공한 것이나 마찬가지라는 말이 광고계에 널리 알려져 있습니다. 3B는 각각 Baby(아기), Beauty(미녀/미남), Beast(동물)의 영어 단어 첫 글자를 딴 것입니다. 아, 디즈니 애니메이션 〈미녀와 야수〉의 영어 제목이 〈Beauty and the Beast〉죠? 그 영화 제목을 외워두면 기억하기 좋겠네요. '아기와 미녀와 야수'.

광고에 보통 성인들이 등장해서 부동산 이야기를 주고받는 상황은 하나도 새롭지 않습니다. 하지만 12개월도 되지 않은 아기들이 양도소득세와 증여세를 이야기하면 훨씬 재미있어지죠. 마찬가지로 유명 영화배우와 모델이 나와 출연료로 집을 매매하는 이야기를 나누면 관심이 갑니다. 집짓기 대장인 비버들이 나와 최신 건설공법을 이야기하면 주의 깊게 보게 됩니다.

아이디어가 잘 나오지 않을 때는 3B를 기억했다가 활용해 보세요. 미술 시간에 포스터를 그려야 하거나 웹툰을 그리려 한다면 커다란 도움이 될 겁니다.

📧 소비자에게 직접 혜택을 주는 보상 광고

모바일 광고의 유형 중에 '보상 광고(reward ad)'란 것이 있어요. 예를 들어, 휴대폰 잠금 화면에 광고를 띄우고 잠금 해제할 때마다 적립금이 쌓이는 광고를 말하지요. 또 앱 광고를 보고 다운로드하면 그 보상으로 현금이나 게임 아이템 등을 소비자에게 지급하기도 합니다. 휴대폰을 몸에 지니고 열심히 걸으면 쌓인 마일리지만큼 커피나 케이크 기프티콘 등으로 보상을 해주는 앱도 인기입니다. 오래된 방법이긴 합니다만, 길거리에 붙은 피아노 학원 포스터 아랫부분에 전화번호를 적어 오징어 다리처럼 하나씩 찢어가게 한 것 본 적 있나요? 무료 상담을 해준다는 것이지요. 일종의 보상 광고입니다.

이런 보상 광고를 기획하는 회사들의 광고 전략은 대기업과 다릅니다. 어차피 누가 볼지도 모르는 고비용의 매스컴 광고 비용을 아끼는 대신 광고를 봐 준 소비자에게 직접 사례를 지급하겠다는 것이지요. 사실상 회원 가입으로 소비자 데이터도 얻을 수 있으므로 무료 보상만은 아닌 셈입니다.

선물이나 무료 증정을 좋아하는 소비자의 마음을 잘 읽어서 광고에 보상 아이디어를 결합하면 효과가 높게 나타나겠지요? 디지털 기술의 발달로 수동적으로 보기만 하는 광고보다 구매 행동으로 이어지게 하는 방법이 많이 등장하고 있답니다.

앞서 소개한 광고 아이디어의 표현 방법 중 어떤 것이 가장 마음에 드나요? 저는 '유머'가 좋습니다. 사실상 짧은 광고 안에 모든 정보를 다 담을 수는 없습니다. 광고는 브랜드에 대한 좋은 느낌을 주는 역할을 주로 맡지요. 자세한 제품 정보는 인터넷 홈페이지나 동호회 카페, 매장에 가서 알아보는 것이 더 낫습니다.

그래서 광고는 짧은 시간 안에 브랜드에 대한 좋은 느낌을 주기 위해 재미있는 이야기로 소비자에게 말을 겁니다. 유머 감각을 잊지 않아야 하는 이유지요. 효과적인 스토리텔링의 구조는 '?' → '!'라고 한 것 기억하나요? 광고를 처음 본 사람은 처음에 '뭐지?' 하며 궁금해하다가 답을 알고 나서 '아하!' 하고 고개를 끄덕이게 되는 구조입니다.

유머는 수업 시간에 발표하거나 과제를 할 때도 유용합니다. 하고 싶은 이야기를 정했다면 어떻게 유머 감각을 살려 전달할까 생각해 보세요. 친구들과 이야기할 때도 이것을 응용하면 재미있는 친구라는 평가를 받을 수 있습니다. 유머를 잊지 마세요.

🗨 토론해 봅시다

1. 영화 제목이나 명대사를 활용해서 자신의 물건 중 하나를 홍보하는 카피를 써보고 친구들에게 그런 카피를 쓴 이유를 설명해 봅시다.

2. 자신을 설명할 수 있는 로고를 만들어보고 친구들에게 그 의미를 설명해 봅시다.

3. 포인트나 기프티콘 등을 받기 위해 앱을 다운로드 받거나 회원 가입을 한 적이 있나요? 보상 광고가 효과적이라고 생각하는지 친구들과 이야기해 봅시다.

진솔한 카피로 승부한 광고인, 레오 버넷

레오 버넷(Leo Burnett, 1891~1971)은 맥도널드, 코카콜라 광고로 명성을 얻었습니다. 《타임》 선정 '20세기 가장 영향력 있는 100인'이기도 합니다. 그는 미시간대학에서 저널리즘을 공부하고 기자, 사내 간행물 편집자 등을 거쳐 1935년에 레오 버넷 컴퍼니(Leo Burnett Company)를 설립했죠. 이는 오늘날 69개국에 85개 이상의 지사를 두고 있어요.

버넷은 광고에 극적인 사실주의를 사용했고, 소비자에게 부드럽게 다가가는 '소프트 셀(soft sell)' 접근 방식을 즐겨 썼어요. 소비자에게 말을 거는 듯한 단순하고 강력하며 본능적인 이미지를 광고에 사용했죠. 그는 제품 안에 '들어 있는 드라마(inherent drama)'를 찾아내어 따뜻함, 감정, 경험을 통해 광고에 제시해야 한다고 믿었어요.

레오 버넷의 말

레오 버넷의 조언 몇 가지를 소개할게요.

"단순하게 만드십시오. 기억에 남도록 만드십시오. 시선을 잡도록 만드십시오. 그리고 읽지 않고는 못 배기도록 만드십시오."

"광고에서 독창성의 비밀은 처음 보는 특이한 말이나 그림을 만들어내는 것이 아니라, 친숙한 단어와 그림을 새롭게 조합해 내는 것입니다."

"만약 창의력과 상상력, 궁금증과 호기심으로 가득 찬 사람이 아니라면 광고계에서 멀리 떨어져 지낼 것을 강력 추천합니다."

3장

가장 오래된 광고부터
디지털 광고까지

1
세계에서 가장 오래된 광고는?

광고는 언제, 어떻게 시작됐을까요? 꼭 광고가 아니더라도 다른 사람에게 내가 알고 있는 무엇인가를 꼭 알리고 싶은 마음은 우리의 본능이겠지요. 친구에게 "너랑 나만 아는 비밀이야. 무덤까지 갖고 가야 해"라고 말하면, 다음 날 다른 친구들이 다 알게 됩니다. 그러니까 어떤 이야기를 널리 알리고 싶다면 그렇게 말하면 되겠네요.

그렇게 무언가를 널리 알리는 일이 광고인데요. 시대와 상관없이 인류가 모여 사는 곳에는 어떤 식으로든 광고가 존재했을 것입니다. 오늘날 우리가 만나는 광고와는 모습이 다르겠지만, 어떤 메시지를 남에게 알려야 할 필요는 어느 시기에나 있었을 테니까요.

그렇다면 인류 역사상 가장 오래된 광고는 어떤 것인지 궁금하지 않으세요? 기원전 1000년쯤 고대 이집트 수도 테베에 살던 방직공이 파피

루스에 실은 노예 현상수배 광고가 인류 역사상 가장 오래된 광고로 알려져 있습니다. 지금은 영국 런던의 대영박물관에 보관되어 있어요. '도망간 노예 셈을 잡아 주세요!'라는 카피가 바로 그 광고에 등장합니다.

광고의 내용은 이렇습니다. '남자 노예 셈이 선량한 주인인 방직공 하푸에게서 달아났습니다. 테베의 선량한 시민 여러분, 그를 찾을 수 있도록 도와주세요. 그는 히타이트 사람으로 신장은 5피트 2인치, 얼굴빛은 붉으며 눈은 갈색입니다. 그가 있는 곳을 알려주는 분께는 금화 반 개를 드립니다. 또 그를 찾아 여러분이 좋아하는 최상의 옷감만을 생산하는 방직공 하푸의 상점으로 데려오는 분께는 금화 한 개를 드립니다.'

기록으로는 남아 있지 않지만, 고대 그리스의 항구에서 나팔을 불며 외국에서 새로운 물건이 들어왔으니 사라고 권유하던 것이 광고의 시초라고 하는 설도 있습니다.

로제타 스톤 5

여러분은 세계사 시간에 '로제타 스톤(Rosetta Stone)'에 대해 배우셨나요? 이집트를 침략한 나폴레옹의 군대가 나일강 하구의 로제타에서 찾아낸 커다란 돌이지요. 로제타 스톤은 일종의 송덕비라 할 수 있는데, 지금은 대영박물관에 있어요. 이집트의 왕 프톨레마이오스 5세의 업적을 검은 돌에 세 나라 문자로 새긴 것인데, 지금으로 말하면 정치광고라 할 수 있겠지요.

베수비오산이 폭발해서 묻혀버린 고대 로마의 폼페이 유적지에서도 옥외 광고 같은 간판 형식의 광고가 나왔어요. 폼페이 사람들은 흰 벽으로 된 집에 살았기 때문에 벽에 오늘날의 그래피티를 연상케 하는 낙서 형태의 글을 많이 적어놓을 수 있었답니다. 검투사 경기를 알리거나 부동산을 홍보하는 문자 광고가 남아 있는데, 권력이 있거나 부유한 시민들은 그래피티 전문가를 고용하여 정치 광고를 만들었다고 합니다.

그밖에 고대 중국에는 사탕을 팔기 위해 피리를 불어주며 말로 하는 구두 광고가 있었지만, 역시 종이나 판에 붓글씨로 쓴 광고가 가장 많았어요. 송나라 시대 진안에 있던 '류씨네 바늘 가게'의 광고가 세계 최초의 인쇄 광고로 인정받고 있어요. 또 인디아 등에서 발견된 돌벽에 그린 벽화들도 고대 광고라고 말하기도 합니다.

세월이 지나 중세 시대에 이르자 유럽에는 그림을 넣은 간판이 유행했습니다. 사람들 대다수가 글을 읽지 못했기 때문이죠. 양복점 간판에는 가위를, 정육점 간판에는 고기를, 과일 가게 간판에는 과일 그림을 그려 넣는 식이었습니다.

그 당시의 대표적인 광고 수단은 간판 외에도 두 가지가 더 있었어요. 첫째, 영어로 '타운 크라이어(town criers)'라고 부르던 마을의 외침꾼은 동네를 돌아다니며 큰 소리로 새 소식을 전하는 사람이었죠. 물론 동네의 소식 중에는 광고도 자연스럽게 들어 있었을 것이고요. 영국의 어느 지역에서는 아직도 그 전통이 남아 타운 크라이어 대회를 연다고 하네요. 둘째, '상표(trademarks)'는 다른 제품과 구분하기 위해 제품에 붙인 고유한 인감이나 마크를 말해요.

🗨 활자의 발명으로 인쇄 광고가 등장

15세기에 들어 독일의 구텐베르크가 서양 최초로 금속 활자를 발명한 이후 유럽에서는 책과 신문, 잡지가 본격적으로 출판되기 시작했어요. 따라서 오늘날 우리가 아는 현대적인 광고는 16세기에 신문, 잡지와 함께 등장해서 널리 퍼져나갔다 할 수 있어요. 특히 영국에서는 인쇄 광고를 건물 벽에 경쟁적으로 붙이기 시작해서 나중에는 날짜를 정해 나누어서 붙이기도 했답니다.

인쇄기술이 보급되면서 광고는 획기적으로 발전했어요. 책이 계속 발행되자 직접적인 효과를 보게 됐거든요. 최초의 신문은 1650년 독일에서 발행한 《라이프치거 자이퉁겐(Leipziger Zeitungen)》인데, 우리나라에서 1577년에 발행된 《조보(朝報)》가 '세계 최초의 활판인쇄 민간상업 일간 신문'이라는 주장이 최근에 나왔어요. 만일 이것이 세계적으로 정식 인정을 받는다면 기록이 바뀔 수도 있겠지요.

우리나라 최초의 근대 신문은 1883년에 창간된 《한성순보》인데, 이후 1886년 창간된 《한성주보》에 독일 회사 세창양행이 최초의 신문 광고를 게재했기 때문에 그것을 최초의 광고로 봅니다.

미국에서는 1704년 주간지 《보스턴 뉴스레터》가 최초로 발간되어 지역의 부동산 구매자를 찾는 최초의 광고가 실렸어요. 1843년에는 필라델피아에서 볼니 파머(Volney Palmer)가 기업의 광고를 대신 만들고 게재해 주는 광고대행사 형태의 광고 회사를 최초로 만들었지요. 오늘날 우리나라에서 활약하는 제일기획이나 이노션, 대홍기획 같은 광고대행사의 뿌리라고 할 수 있어요.

18세기 중반, 영국에서 산업혁명이 일어나 제품을 대량으로 생산하게 됐지요. 쏟아져 나오는 제품을 판매하기 위해서 광고가 더욱 필요해졌어요. 산업혁명 이후 라디오와 TV 같은 매스커뮤니케이션 미디어가 등장하면서 제품을 널리 알릴 수 있는 현대적 광고가 탄생하게 된 것이지요. 그 후 인터넷이 전 세계에서 상용화되자 인터넷을 기반으로 한 디지털 광고가 세계를 지배하게 되었습니다.

🔍 토론해 봅시다

1. 개인적으로 알리고 싶은 내용이 있나요? 그 내용을 광고 카피로 적어보고 친구들에게 설명해 봅시다.

2. 1번의 광고를 인쇄 광고로 제작한다면 어떤 매체에 싣는 게 좋을까요? 자신이 광고하고 싶은 내용과 잘 맞는 매체가 무엇일지 고민해 보고 친구들과 이야기해 봅시다.

2
광고는 어떻게 발전했을까?

🕑 세계 최초의 라디오 광고

지금으로부터 약 100년 전인 1920년대 초, 미국에서 라디오 방송국이 등장했습니다. 그런데 최초의 라디오 방송국은 재미있는 프로그램을 방송하기 위해 생긴 것이 아니었어요. 라디오 제조 회사와 판매 회사가 소비자에게 라디오를 더 많이 판매하기 위해 만든 것이었습니다. 라디오를 많이 팔아도 청취자가 들을 프로그램이 없으면 곤란하니까 방송국을 직접 만든 것이지요.

이 방송국은 광고주를 모아 브랜드 이름을 내세워 프로그램을 만들 기회도 제공했어요. 글로벌 기업 P&G 같은 회사들이 이름을 걸고 재미있는 드라마 프로그램을 제작했지요. 그래서 지금도 TV 드라마를 '소프

오페라(soap opera)'라고 부른답니다. 생활용품인 비누(soap)를 만드는 회사들이 제작비를 댔으니까요.

미국 뉴욕의 라디오 방송에서 1922년 첫 라디오 광고가 방송됐는데, 10분 길이의 아파트 광고였습니다. 그 후 라디오 광고의 막강한 영향력을 알게 된 기업들이 너도나도 라디오 광고를 내보내기 시작했지요. 우리나라에서는 1959년 부산문화방송에서 처음 라디오 광고를 방송했습니다. 그때까지의 광고는 신문과 잡지 같은 인쇄 광고였는데, 라디오가 강력한 적수로 등장한 것입니다.

세계 최초의 TV 광고

1927년 드디어 미국에서 TV 방송이 시작됐고, 1941년에 세계 최초의 TV 광고가 방송됐어요. 10초 길이의 불로바 시계 광고였는데, "미국은 불로바 시계에 맞추어 움직인다(America runs on Bulova time)"라는 카피를 써서 미국 시장에서 시계의 대명사라는 점을 TV 광고로 알렸습니다.

한국 최초의 TV 광고는 1956년에 시청자들에게 선을 보인 유니버설 레코드 광고였어요. 여러분은 레코드가 무엇인지 아시나요? 음악을 저장하는 접시 모양의 플라스틱 판인데, 레코드(record)는 무엇을 기록하거나 저장한다는 뜻이니까 음악을 저장한 그 플라스틱 판을 레코드판이라고 불렀지요. 요즘은 롱 플레이(Long Play)를 줄여 LP판이라고 부르는데, LP는 돌아가는 레코드에 바늘을 한 번만 얹으면 음악을 오래 들

을 수 있어 인기였답니다.

그런데 레코드는 플라스틱이라 떨어뜨리면 잘 깨진다는 문제가 있었어요. 그래서 유니버설 레코드 광고는 남녀가 레코드판 위에서 춤추는 장면을 보여주어 깨지지 않는 레코드라는 점을 강조했죠.

그 시절의 TV 광고는 그림이나 사진에 슬로건과 제품명을 넣는 수준이었어요. 파워포인트의 슬라이드 쇼처럼 라디오 광고에 그림 몇 장을 보여주는 정도였죠. 영상 녹화 기술도 떨어져서 광고를 TV 뉴스처럼 실시간으로 촬영해서 방송하는 '생 CM'이란 형태의 광고도 있었답니다. 1960년대까지만 해도 광고에 대해 규제를 하지 않았기 때문에 미국의 경우처럼 광고주 브랜드 이름을 붙인 프로그램도 흔히 방송됐어요. 〈OB그랜드쇼〉나 〈해태어린이극장〉 같은 프로그램도 있었지요.

🗨 숨가쁘게 발전한 TV 광고

그러다가 애니메이션에 노래를 입힌 광고 형태가 유행하게 됐는데, 진로 소주의 광고가 대인기였어요. '가난한 사람들의 보너스, 진로 한잔이면 걱정도 없이'라는 가사가 유행가처럼 대중의 인기를 끌었지요.

1970년대에는 CM송이라 불리는 광고 노래가 인기였어요. '12시에 만나요 부라보콘' '맛동산 먹고 즐거운 파티' '흔들어주세요 써니텐' '손이 가요 손이 가 새우깡에 손이 가요' '하늘에서 별을 따다 하늘에서 달을 따다 두 손에 담아 드려요 오란씨'처럼 오래오래 이어져 기억에 남는 CM송 광고가 그 시대에 등장했죠.

컬러 TV가 등장한 1980년대에는 감성적인 광고가 유행했어요. '가나와 함께라면 고독마저도 감미롭다'는 카피로 유명한 가나초콜릿 광고, 홍콩 배우 주윤발이 서툰 발음으로 '싸랑해요 밀키스'라고 속삭이던 음료 광고, 비 오는 날 소녀와 이별하며 슬퍼하는 장국영이 등장한 투유 초콜릿 광고 등이 그 시절에 인기였지요. 한국인의 정(情)을 주제로 장기 캠페인을 벌인 초코파이 광고, '그래, 이 맛이야'라는 카피로 유명한 다시다 광고도 그 시절에 등장했어요.

1990년대 말에는 TV 광고에 디지털 광고가 시작됐어요. 이동통신 초창기에 '때와 장소를 가리지 않습니다'며 통화가 잘된다고 한 텔레콤 회사의 광고와 거기에 맞서 우리나라 최남단 마라도에서도 통화가 잘된다며 중국 음식 배달원이 '짜장면 시키신 분'을 외치던 광고가 인기를 끌었죠. 이동통신 서비스 경쟁이 치열해지자 번호 이동을 권유하는 광고도 등장했어요. 헤어진 연인에게 아쉬움을 보이자, '사랑은 움직이는 거야라는 대사로 공감을 이끌어낸 광고도 있었죠.

2000년대 들어서자 TV 광고는 소셜 미디어의 등장에 밀려 잠시 주춤했는데, 유튜브와 페이스북이 영상을 기반으로 더욱 강력해지자 다시 전성기를 찾았어요. TV 광고로 만들었어도 소셜 미디어란 채널을 통해 전 세계로 확산되는 시대가 되었기 때문이죠.

🗨 광고의 황금기

1960년대부터 1980년대까지는 광고의 황금기였어요. 오늘날 우리가 알고 있는 모든 광고 이론이나 성공 사례들이 그 시대에 등장했지요. 데이비드 오길비, 빌 번박 같은 카피라이터들이 광고업계에 새로운 바람을 불러일으켰어요. 이때부터 광고인들은 광고를 만들 때 직감에만 의존하지 않고 과학적인 소비자 조사와 각종 데이터를 기반으로 아이디어를 내기 시작했죠.

특히 오길비는 '빅 아이디어(big idea)'의 중요성을 강조했어요. 광고가 눈에 띄려면 그저 그런 밋밋한 아이디어 대신 커다란 아이디어가 필요하다는 것이지요. 빅 아이디어에 바탕을 두지 않은 광고는 한밤중에 항해하는 배처럼 스쳐 지나갈 뿐이라던 오길비의 말 기억하시지요? 분명히 광고를 했지만 효과가 없다는 광고인들의 볼멘소리를 잠재우는 말이었습니다.

🕐 디지털 광고의 등장

1994년, 인터넷이 상용화되자 광고업계는 완전히 판도가 바뀌었어요. 인터넷에 광고를 싣는 디지털 온라인 광고가 시작된 것이죠. 그해에 세계 최초로 디지털 배너 광고가 선을 보였습니다. 핫와이어드(HotWired)란 웹사이트가 볼보, IBM 등의 배너 광고를 만들어 인터넷에 띄운 것이지요. '배너'란 깃발을 말하는데, 인터넷 화면에 광고를 게재하는 공간이 현수막처럼 긴 깃발 모양으로 생겨서 그렇게 부른답니다.

초창기 배너는 주로 헤드라인 위주로 광고를 만들었어요. 그림을 넣기엔 좁은 공간이었기 때문이죠. 통신사 AT&T가 집행한 최초의 배너 광고에는 '마우스를 여기에 대고 클릭해 본 적이 있나요?'라는 헤드라인이 나타납니다. 그러고는 화살표로 '이제 클릭해 보실 겁니다'라는 작은 카피로 보는 이의 시선을 유도하지요. 물론 그걸 누르면 자사의 홈페이지나 광고 페이지로 연결됩니다.

광고가 하고 싶은 말만 일방적으로 전하는 매체가 아니라 반응을 유도하는 매체로 거듭난 것입니다. 이때부터 '쌍방향 커뮤니케이션(interactive communication)'이란 말이 유행하기 시작했고, 소비자가 기업의 광고와 마케팅에 직접 참여하는 계기가 되었어요.

그러나 한동안 위세를 떨치던 배너 광고의 인기가 점점 떨어지기 시작했어요. 광고가 너무 많아져서 자료나 기사 검색을 방해할 정도로 인터넷 화면을 복잡하게 만들었기 때문이죠. 또 광고에 지친 소비자가 웬만해서는 적극적으로 배너를 클릭하지 않아 매출로 이어지지 않는 문제가 생겼고요.

1996년에 더블클릭(DoubleClick)이란 회사가 최초로 타깃 광고 캠페인을 선보였어요. 광고가 꼭 필요한 대상에게만 보이게 하는 것이지요. 한발 더 나아가 검색 엔진 사이트인 구글은 소비자의 구글 검색 기록과 검색 선호도를 토대로 한 구글 애드워즈(Google AdWords)란 플랫폼을 개발했는데, 나중에 구글애즈(Google Ads)로 이름을 바꾸었고, 더블클릭도 인수해서 시장을 지배하기 시작했죠.

🕐 소셜 미디어가 광고 채널로 부상

독일의 글로벌 시장조사기관 스태티스타의 2019년 자료에 의하면, 모바일 인터넷 시장은 유튜브(37.0퍼센트)가 가장 큰 비중을 차지하고 있는 것으로 나타났어요. 그다음으로는 페이스북(8.4퍼센트), 스냅챗(8.3퍼센트), 인스타그램(5.7퍼센트), 왓츠앱(3.7퍼센트) 등이 순서대로 높은 점유율을 보였고요.[6]

주목할 점은 2007년에 페이스북 광고가 시작되면서 세계의 광고 네트워크는 구글과 페이스북이 지배하게 되었다는 점이에요. 물론 작은 벤처 회사들도 수없이 등장했지만, 2006년에 구글이 유튜브를 인수했고, 2012년에는 페이스북이 인스타그램을 인수해서 서로 경쟁하고 있으니 자연스럽게 양강구도가 된 셈이지요. 유튜브는 전 세계 모바일 인터넷 트래픽의 37퍼센트 이상을 차지하는 공룡이 되었고, 페이스북도 VR 전문 회사 오큘러스(Oculus)와 메신저앱인 왓츠앱(WhatsApp)을 인수하는 등 패권을 잡기 위해 노력하고 있어요.

이제 인플루언서가 되고 싶은 사람은 유튜브를 잘 활용하는 전략을 세워야 하겠군요. 물론 페이스북과 인스타그램, 블로그, 틱톡 등 소비자와 만날 수 있는 모든 채널을 활용하는 것이 더욱 좋겠지요.

토론해 봅시다

1. 라디오 광고 초창기에는 기업이 광고 대신 드라마를 만들어 청취자의 인기를 끌었죠. 특히 비누 등을 만드는 세제 회사가 드라마를 많이 만들었는데요. 그것을 무엇이라 부르는지 이야기해 봅시다.

2. 데이비드 오길비는 광고에는 밋밋한 아이디어 대신 빅 아이디어가 필요하다고 했지요. 최근 본 광고 중에 아이디어가 뛰어난 광고에 대해 이야기해 봅시다.

3. 요즘은 디지털 광고의 대표적인 매체였던 배너 광고의 인기가 조금 떨어졌어요. 그 이유에 대해 이야기해 봅시다.

3

지금은 인플루언서의 시대

인플루언서(influencer)란 말 들어보셨지요? 누군가에게 영향력을 미치는 사람을 말하지요. 요즘은 유튜브나 인스타그램 등이 인플루언서들의 무대가 되었는데요. 처음에는 재능이 있는 사람들이 소셜 미디어 채널을 활용해 자신의 일상을 공개하거나 자신만이 알고 있는 정보를 공유하는 수준이었죠. 또는 유명 연예인이 자신의 이름으로 개인 채널을 열고 한정된 범위 안에서 일상이나 작품 활동을 보여주는 정도였어요.

그런데 최근에는 그 영향력이 상상을 초월할 정도로 커져서 기업들도 적극적으로 참여하고 있습니다. 소셜 미디어를 통해 일반인들이 제작하고 공유하는 콘텐츠의 내용이 기업의 광고 수준 이상의 영향력을 갖게 됐기 때문이지요. 소비자는 기업이 광고 모델을 써서 하는 광고보다 인플루언서들이 직접 제품을 사용해 보고 솔직한 의견이나 느낌을 공유하는 '광고 아닌 광고'에 더 크게 반응하기 시작했어요.

다만, 이런 식의 광고는 제품에 대한 개인 인플루언서의 평가가 주관적이라 소비자를 엉뚱한 방향으로 몰고 가는 단점도 있습니다. 과학적인 검증 내용이나 국가 공인기관에서 인정받은 제품의 효능을 그대로 알리지 않고 주관적으로 과장한다거나 홍보 비용을 받고도 광고가 아닌 척하는 부작용도 있고요. 하지만 나쁜 마음을 갖고 만들어내는 무책임한 콘텐츠는 소비자가 외면할 테니 오래가지 않겠지요.

🗨 기업이 인플루언서 마케팅에 뛰어들다

광고 모델의 영향력에만 의지하기에는 시장이 복잡해지고 다양해지면서 기업이 인플루언서를 마케팅에 이용하기 시작했습니다. 기업의 마케팅 담당자들은 자사 광고 모델 외에 젊은 소비자에게 영향력을 줄 수 있는 일반인 인플루언서를 찾느라 바쁘답니다. 인기 있는 개인 채널을 보고 직접 접촉하기도 하지만 개인 인플루언서는 영향력이 큰 만큼 부작용도 크기 때문에 유명 인플루언서를 관리하는 대행사를 통해 기용하기도 하지요.

인플루언서가 가장 활발하게 사용하는 채널은 유튜브, 인스타그램, 페이스북입니다. 블로그를 무대로 활약하던 헤비 블로거나 초창기 아프리카 TV 등에서 활약하던 사람들이 이 채널들로 옮겨갔어요. 물론 한 채널만을 고집할 이유가 없으므로 공유를 늘리기 위해 여러 채널을 동시에 운영하고 있지요. 채널의 특성이 조금씩 다르니까 신제품의 포장을 열어가며 소개하는 '언박싱(unboxing)'은 영상으로 찍어 유튜브에 올리고, 주요 장면은 카드뉴스로 만들어 인스타그램에 올리는 식입니다. 신제품 언박싱에 대해 더욱 자세히 알려주는 사진과 설명은 블로그에 올릴 수도 있겠고요. 친한 친구들에게 빠르게 공유하기 위해 제작한 콘텐츠의 인터넷 주소를 복사해서 카카오톡에 링크를 걸어줄 수도 있지요.

앞에서 언급한 소비자 반응 모델 중 AISAS모델 기억하나요? 소비자가 광고를 보고 반응하는 단계 중 A는 주의(Attention), I는 흥미(Interest), S는 검색(Search), A는 구매행동(Action)이었고, 마지막 S가 바로 공유(Share)였지요. 인플루언서는 바로 이 같은 공유를 먹고 산답니다.

유튜브 채널의 활용

채널에 따라 마케팅 방식이 조금씩 달라집니다. 우선 유튜브는 어떻게 활용하면 좋을까요? 유튜브는 영상을 통해 제품이나 서비스를 알리고 싶을 때 이용하지요. 가장 흔한 방식은 제품을 사용해 본 경험을 통해 장단점을 설명하는 것입니다. 인플루언서가 직접 출연해서 카메라를 보며 이야기하기도 하고 간단한 그래픽과 자막을 곁들여서 편집한 영상을 올리기도 합니다. 영상 전문가가 아니더라도 디지털 카메라나 스마트폰을 이용해서 영상을 쉽게 촬영할 수 있기 때문에 인플루언서가 직접 출연하며 촬영하는 방식이 가장 흔하지요.

조작하기 쉬운 무료 편집 프로그램이 많이 나와 있기 때문에 단순한 편집은 누구나 할 수 있는 시대죠. 이들은 유튜브를 주 무대로 활약하기 때문에 유튜버라고도 부르는데, 화장품 회사에서는 뷰티 유튜버를 통해 광고에서 못다 한 말을 하기도 하고, 소비자를 모으기 위한 이벤트도 합니다. 재능 있는 유튜버는 전문가인 마케터들도 알지 못하거나 미처 생각하지 못한 제품의 새로운 활용법을 소개하기도 하고, 다른 제품과 섞어 쓰는 새로운 조합을 알려주어 인기를 얻기도 합니다.

인스타그램 채널의 활용

유행에 민감한 십 대와 이십 대 소비자들이 페이스북에서 인스타그램으로 자리를 옮겨가자 인플루언서들도 따라서 옮겨갔어요. 사용자가 급격히 늘면서 부모님도 친구 맺기를 요청하는 페이스북에서 부모님은 모르는 새로운 채널인 인스타그램으로 이사를 한 셈이지요. 물론 인스타그램도 페이스북이 소유하고 있지만, 공유하고 싶은 이미지를 올리는 방식이 젊은 소비자들에게 쉽고 새롭게 다가갔어요.

올린 이미지에 맞는 키워드에 해시태그(hashtag)를 붙여 모르는 사람들에게도 공유하는 방식도 새로웠지요. 이전에 블로그 글 아래에 검색을 쉽게 하기 위해 태그(tag)를 붙이던 것과 비슷한데, 해시(#) 뒤에 특정 단어나 문구를 띄어쓰기 없이 적으면 거기에 관련된 정보를 모아서 볼 수 있고, 다른 사용자도 해시태그를 통해 같은 게시물을 볼 수 있으니 공유가 더욱 쉬워졌지요. 해시태그를 클릭하면 해당 해시태그가 포함된 내용물이 모두 표시되니까 맛집 정보나 여행지 정보를 공유하기 쉽습니다. 기업도 스스로 직접 생산하는 콘텐츠를 올려 공유하기 시작했지요.

기업이 인위적으로 만든 광고의 느낌을 주지 않기 위해 소비자가 자사 제품을 사용하는 모습의 사진을 미리 사서 올리기도 합니다.

인스타그램에서 팔로워를 많이 갖고 있는 인플루언서들은 워낙 영향력이 크니까 이제 인스타그램이 쇼핑 검색 플랫폼이 되었어요. 소비자들이 검색엔진에서 정보를 찾다가 인스타그램에서 찾기 시작한 것이지요. 사진에 붙은 해시태그를 눌러 인플루언서가 방문한 장소, 칭찬한 제품, 입은 옷, 갔던 맛집 정보를 바로 얻을 수 있으니 자연스럽게 쇼핑 검색 플랫폼이 됐지요. 또 인스타그램 채널 이름을 패러디하여 '#먹스타그램'이나 '#뷰티그램' 같은 식의 애칭을 붙이기도 하지요.

해시태그는 일상생활 속의 재미와 생활 정보를 공유할 때뿐 아니라 사회적 이슈를 널리 알려서 공감을 얻을 때도 사용합니다. 태그는 소비자들이 트위터에서도 즐겨 사용하는데, 트위터는 자사 광고에 해시태그를 사용해서 인기를 끌었어요. 해시태그 뒤에는 검색이 쉽게 주제어를 문자로 적는데 트위터 광고에서는 문자 대신 이미지 한 장을 넣음으로써 총기 사용 규제 문제를 다룬 것이지요. 이 광고는 칸국제광고제에서 수상을 하기도 했어요.

🗨 페이스북 채널의 활용

페이스북 역시 막강한 효과를 발휘하는 광고 매체가 되었지요. 그래서 많은 팔로워를 가진 인플루언서가 페이스북에도 제품을 사용하는 영상을 올려 광고 활동을 하고 있어요. 페이스북은 유튜브처럼 영상도 활용할 수 있고 인스타그램처럼 사진이나 이미지에 문자를 섞은 콘텐츠를 올릴 수도 있어 즐겨 사용합니다.

기업이 인플루언서 마케팅에 눈을 돌리는 이유는 타깃 오디언스를 정확하게 골라내어 그들에게만 광고할 수 있기 때문이죠. 소비자가 인터넷에 접속한 기록을 마케팅 담당자가 볼 수 있으니까 실제로 어떤 소비자가, 언제 광고를 보는지 알 수 있거든요. 십 대 소비자에게 다가가고 싶은 제품이나 서비스는 십 대 소비자들이 자주 방문해서 검색하는 채널에만 광고하면 되니까 비용도 절감되고 반응도 금방 알 수 있습니다. 반면에 높은 비용을 들여 제작하고 방송하는 TV 광고나 신문, 잡지에 게재하는 인쇄 광고는 일방적인 커뮤니케이션이라 누가 광고를 봤는지 알 수가 없지요.

소셜 미디어를 통한 온라인 마케팅은 쌍방향 커뮤니케이션이 가능하다는 장점을 갖고 있어요. 소비자는 댓글창을 통해 제품이 좋다는 반응을 남기기도 하고, 좋지 않다는 반응을 남기기도 합니다. 그러니까 제품이 정말 좋지 않으면 시장에서 바로 사라지겠지요? 때로 제품은 좋은데 나쁜 마음을 품은 소비자가 근거 없이 공격해서 커다란 손해를 보기도 한답니다.

인플루언서 마케팅의 가장 큰 장점은 소비자가 소비자를 부른다는 점입니다. 예를 들어, 인스타그램에서 인플루언서가 방문한 식당의 해시태그를 보고 그 식당에 다녀온 소비자가 자신의 인스타그램에 같은 주제어로 해시태그를 달아 다시 공유하는 것이지요. 그 해시태그를 본 친구들이 계속 그 과정을 반복하면 제품이나 서비스의 인기가 금방 올라가겠지요.

🔍 토론해 봅시다

1. 여러분도 광고 모델보다 인플루언서의 후기를 더 신뢰하나요? 즐겨 보는 인플루언서가 했던 광고에 대해 친구들과 이야기해 봅시다.
2. 인플루언서의 후기만 믿고 샀다가 후회했던 경험이 있나요? 혹은 인플루언서가 하는 광고에 실망한 경험이 있다면 친구들과 이야기해 봅시다.
3. 즐겨 찾는 해시태그가 있나요? 왜 그 해시태그를 찾아보는지 친구들과 이야기해 봅시다.

4

인플루언서 마케팅의 모든 것

이제 인플루언서 마케팅은 우리 생활 속으로 깊숙이 들어왔습니다. 이번에는 인플루언서 마케팅의 유형과 트렌드, 성공 사례까지 흥미로운 이야기를 좀더 자세히 알아봅시다.

인플루언서 마케팅 유형

인플루언서 마케팅은 전통적인 매스미디어 마케팅과는 다릅니다. 타깃 오디언스가 다르기 때문이죠. TV나 신문, 잡지 같은 매스미디어는 거기에 익숙한 TV 시청자나 신문, 잡지 구독자가 타깃입니다. 하지만 주로 소셜 미디어를 활용하는 인플루언서 마케팅의 타깃은 소셜 미디어 이용자이겠지요.

그러니까 인플루언서 마케팅의 타깃은 비교적 찾기가 쉽답니다. 인터넷에는 방문기록이 남으니까요. 소비자의 그 방대한 인터넷 방문기록이 소비자 빅데이터가 되고, 그것이 소비자 여정으로 남아 마케터의 연구 자료가 되지요. 소셜 미디어는 개인 미디어에 가까우니까 인플루언서 마케팅에서는 바로 그런 소비자에게 인플루언서가 브랜드를 대표해서 찾아가 메시지를 전달하려는 것입니다. 그러면 타깃을 찾아 광고하는 인플루언서 마케팅의 유형을 알아봅시다.

콘텐츠 배포가 아닌 판매가 관건, 커머스 솔루션

인플루언서 마케팅에는 몇 가지 대표적인 유형이 있어요. 일단 소셜 미디어에서 수천 명 이상의 팔로워를 갖고 있는 인플루언서를 100명 정도 모읍니다. 그런 다음에 그들의 네트워크를 통해 브랜드 맞춤형 동영상 콘텐츠를 만들어 내보내는 것입니다. 아무리 인기 있는 인플루언서라도 콘텐츠를 혼자 만들어 일대일로 팬들에게 보내는 것보다 훨씬 효과적이겠죠.

단순히 콘텐츠만 만드는 것이 아니라 이를 확산시킬 수 있는 매체 전략도 세워야 하지요. 물론 대기업들은 이미 오래전에 자신들의 브랜드만을 위한 소셜 미디어 채널을 만들어 마치 TV 방송국처럼 활용하고 있어요. 여기까지는 대기업이 아니라도 유명 인플루언서의 도움을 받으면 어렵지 않게 할 수 있어요. 문제는 판매입니다.

그래서 제품이나 서비스를 판매하기 위한 다양한 '콘텐츠 커머스 솔루션(contents commerce solution)'이 등장하고 있습니다. 이것이 요즘 유행인데요. '커머스(commerce)'는 '상업'이란 뜻이니까 광고만 하지 말고 팔아야 한다는 것이지요.

광고 노출이 곧 성과, 노출형 인플루언서

노출형 인플루언서 마케팅 플랫폼도 인기입니다. 기업이 이 플랫폼을 이용하면 광고 캠페인의 목표와 예산에 맞는 인플루언서를 쉽게 찾을 수 있어요. 인플루언서 역시 여기서 자신의 취향에 맞는 브랜드를 찾아 쉽게 캠페인에 참여할 수 있지요.

이는 광고 캠페인 집행 시점부터 실시간 지표를 제공해서 광고 효율을 계속 점검할 수 있어 인기입니다. 그동안 진행했던 캠페인들의 성공 전략을 공유하고, 인플루언서 분석 솔루션을 통해 누가 실제로 영향력 있는 인플루언서인지 찾아낼 수도 있습니다. 인플루언서들의 순위와 활동 분석 데이터를 제공하는 것이지요. 예를 들어, 인스타그램 인플루언서들의 '팔로우(follow)'와 '팔로잉(following)' '맞팔로우' 정보를 알 수 있는 관계망을 분석해 줍니다. 또 인플루언서의 주 무대인 유튜브에서 어떻게 하면 소비자의 검색량을 늘릴지 알려주는 유망 키워드와 유망 유튜버를 발굴해 주기도 합니다.

매출까지 이어져야 인정받는 성과형 인플루언서

성과형 인플루언서 마케팅 플랫폼도 등장했어요. 광고 전문가가 아닌 일반 소비자가 플랫폼에 등록된 광고주의 제품이나 서비스를 홍보하는 콘텐츠를 만들어 올립니다. 물론 협의를 통해 자신이 만든 브랜드 홍보용 콘텐츠를 자신이 운영하는 소셜 미디어에 동시에 올리면 더욱 효과적이겠지요. 그래서 다른 소비자들이 그것을 보고 매출을 올려주면 성과에 대한 보상을 받는 구조입니다. 업로드한 링크를 다른 사람이 클릭해서 브랜드 앱을 설치하고 실행하면 수익이 발생하는 방식도 있어요. 노출형 인플루언서는 광고를 올린 것에 대해 보상을 받는다면 성과형 인플루언서는 그것이 매출까지 이어져야 성과로 인정받는다는 점이 다르죠. 이제 소비자도 자연스럽게 브랜드 인플루언서가 될 수 있는 시대가 왔습니다.

생생한 리뷰를 원한다면, 소비자 체험단

기업과 소비자를 연결하는 마케팅 플랫폼도 있습니다. 유명 인플루언서 대신 실제 소비자와 직접 만나고 싶은 브랜드들이 활용합니다. 마케터들이 오프라인에서도 하고 있는 소비자 체험단 마케팅의 온라인 활동인 셈입니다.

인플루언서도 활용하지만 주로 일반 소비자들이 동영상 체험단에 가입하여 제품을 리뷰합니다. 라이브 방송을 통해 실감 나게 실시간 리뷰를 하기도 합니다. 아무래도 제품이나 서비스를 만든 기업 입장이 아니라 일반 소비자들의 입장에서 이야기하니까 더욱 믿음이 가겠지요.

인플루언서 마케팅 캠페인을 시작하기 전에 꼭 점검해야 할 두 가지 사항이 있습니다. 우선 타깃이 누구인지 정확하게 알아야 하고, 그들이 과연 어떤 인플루언서를 좋아하는지 알아야 한다는 것이죠. 결과적으로 인플루언서 마케팅이 성공하려면 타깃의 데이터와 인플루언서 관리 플랫폼을 제대로 활용해야 합니다.

인플루언서를 활용한 마케팅을 한다면 과연 어떤 분야가 가장 인기가 있을까요? 영국의 디지털 광고 회사 민트 트위스트(Mint Twist) 글에 따르면, 가장 인기 있는 다섯 가지 분야는 라이프스타일, 여행, 음식, 육아, 패션 및 뷰티입니다.[7] 소비자들이 소셜 미디어를 통해 정보를 얻고자 하는 대표적인 분야인 셈이죠. 점점 더 많은 소비자가 온라인에 접속하고 거기서 많은 시간을 보내고 있기 때문에 기업도 자연스럽게 그 추세를 따라가는 모습을 보이고 있어요. 최근의 인플루언서 마케팅 트렌드를 알아볼까요?

동영상 콘텐츠가 대세

인플루언서를 활용한 바이럴 마케팅에는 동영상 콘텐츠가 효과적입니다. 유튜브는 물론, 페이스북, 틱톡, 인스타그램 릴스 같은 동영상 기반의 채널이 전 세계 소비자들에게 인기가 많으니까요.

특히 동영상 공유 플랫폼인 틱톡은 2021년 말에 구글보다 더 많은 방문자 수를 기록했지요. 2018년에 서비스를 시작한 틱톡은 이미 가입자 수가 10억 명이 넘으니 짧은 시간 안에 구글보다 더 유명해진 셈이네요. 세계 최고로 등극한 틱톡의 인기를 보면, 앞으로의 인플루언서 활동은 사진에 글만 짧게 적어 올리는 게시물보다는 창의적인 스토리텔링을 할 수 있는 동영상 콘텐츠가 대세가 될 것임을 알 수 있습니다.

그런데 인플루언서를 활용하여 바이럴 마케팅에 성공해도 제품의 매출이 올라가지 않으면 소용이 없겠지요. 그래서 기업은 이제 인플루언서를 통해 실제로 제품의 매출을 올리려고 애쓰고 있어요. 기업 활동의 궁극적인 목표는 매출 증대를 통한 이익의 창출이니까요. 과거의 인플루언서 마케팅은 대개 제품의 인지도를 높이거나 소비자가 참여하게 하는 목표를 갖고 있었어요. 하지만 앞으로는 판매를 높이는 데 기여할 수 있는 아이디어 중심으로 발전할 것입니다.

유명세보다 진정성

인플루언서 마케팅에서 가장 중요한 것은 무엇일까요? 기업의 입장에서는 매출을 높이는 일이지만, 소비자의 입장에서는 진정성을 유지하는 일입니다. 소비자는 구매 결정을 할 때 자신의 신념과 판단에 맞는 브랜드를 원합니다. 따라서 짧은 시간 내에 매출을 올리려는 욕심 때문에 진정성을 잃으면 바로 외면당하지요.

인플루언서는 제품의 장점을 공유해서 널리 알려주는 힘을 갖고 있지만, 단점 역시 널리 알릴 힘을 갖고 있다는 점을 잊어서는 곤란하겠지요. 마케팅 비용을 줄이려고 유명 인플루언서를 광고에 활용한다는 생각을 접고, 브랜드가 추구하는 가치와 잘 맞는 인플루언서를 찾아 장기간 협력 작업을 해야 합니다.

마이크로 인플루언서도 인기

마케팅업계에서는 팔로워를 100만 명 이상 갖고 있으면 '메가 인플루언서', 수만 명에서 수십만 명 갖고 있으면 '매크로 인플루언서', 1,000명에서 수만 명 갖고 있으면 '마이크로 인플루언서'로 분류합니다. 500명에서 1,000명 갖고 있으면 '나노 인플루언서'라고 하고요.

요즘은 작지만 틈새 분야에서 인기를 얻는 '마이크로 인플루언서'도 인기를 얻고 있습니다. 이들은 팔로워를 많이 가진 유명 인플루언서보다 팔로워 수는 적지만 광고 비용이 낮고 전문 분야를 다루고 있어 틈새 시장을 공략하기 좋아요. 그래서 작은 회사나 아직 광고 예산이 적어 소비자에게 잘 알려지지 않은 제품 및 서비스는 마이크로 인플루언서를 기용하고 있어요.

지금 갑자기 머릿속에 떠오르는 아이템이나 아이디어가 있나요? 그렇다면 나노 인플루언서부터 시작하는 것이 좋겠지요? 무슨 일이든지 처음에는 작게 시작했다가 어느 순간에 자신도 모르는 사이에 커지는 경우가 많거든요.

순식간에 퍼지는 입소문, 바이럴 마케팅

정말 좋은 제품이나 서비스는 굳이 매스컴을 통해 광고하지 않아도 금방 알려집니다. 맛있다고 소문나면 그 맛을 유지하는 한 소비자들은 찾아가기 어려운 골목길 식당에도 줄을 서니까요. 극적인 상황 없이 장난감을 갖고 노는 영상만으로 유명해지거나 인스턴트 음식을 자신만의 방식으로 근사하게 요리해서 유명해지기도 하지요. 그런 현상을 만들기 위해 기업은 '바이럴 마케팅'을 한답니다.

바이럴 마케팅(viral marketing)이란 마치 컴퓨터 바이러스처럼 순식간에 소비자들에게 퍼져나가는 마케팅을 말합니다. 모든 마케터들이 꿈꾸는 효과적인 마케팅 현상이지요. 기업이 소비자에게 전하고 싶은 제품의 장점을 일방적으로 이야기하지 않고, 소비자가 스스로 전파해 주니까요. 마케터가 막대한 비용을 들여 제품 메시지를 광고하기도 전에 소비자가 자발적으로 장점을 찾아내어 친구나 지인에게 공유합니다. 그러니까 소비자가 인플루언서가 되는 셈이지요? 물론 그런 바이럴 마케팅이 성공하려면 제품이 실제로 좋아야 한다는 것은 불변의 진리입니다. 유명 인플루언서가 나서서 아무리 잘 홍보해도 제품이 좋지 않으면 바로 외면당합니다.

🗨 인플루언서 마케팅 성공 사례

자동차 회사의 인플루언서 광고 캠페인

BMW 자동차의 인플루언서 광고 캠페인은 2019년에 틱톡을 광고 매체로 활용해서 인기를 끌었습니다. 십 대와 이십 대의 놀이터인 틱톡을 광고 매체로 선정한 시도가 새로웠는데요. 아이디어는 단순합니다. 틱톡에서 '해시태그 더 원 챌린지(#THE1Challenge)'라는 제목으로 해시태그 챌린지를 집행했어요. 더욱 새로워진 BMW 1 시리즈를 광고하는 캠페인이라 '더 원'이라고 이름 붙였지요.

틱톡 영상에 등장한 유명 인플루언서는 이번 캠페인을 위해 특별히 만든 댄스 동작을 보여줍니다. 그리고 시청자에게 동작을 그대로 따라 하게 했죠. 요즘은 그런 아이디어가 흔해졌지만 이 캠페인은 곧 600만 회 이상의 해시태그 조회 수를 기록할 정도로 인기를 얻었습니다.

인플루언서를 사람만 할 수 있는 것은 아니죠. 벤츠 자동차는 2017년 새로 나온 자동차를 소개하기 위해 소셜 미디어용 동영상을 제작했어요. '해시태그 메르세데스벤츠포토패스(#MCPhotoPass)'란 제목의 캠페

인 동영상에는 늑대 개 한 마리가 등장합니다. 로키(Loki)란 이름의 늑대 개가 주인과 함께 벤츠 자동차를 타고 눈 덮인 콜로라도 산맥을 여행하는 내용입니다.

영상에는 뚜렷한 스토리도 없고, 그저 하얀 눈 덮인 산길만 나옵니다. 3D 카메라를 단 자동차가 달리는 동안 멋진 풍경을 보여주고, 자동차 내부의 카메라는 실내를 보여주었어요.

캠페인은 동영상, 사진, VR 영상으로 제작했는데, 소비자가 눈길을 달리는 자동차를 함께 타고 가는 실감을 느끼게 해주어서 성공했어요. 이 캠페인의 인스타그램 계정은 1억 7,300만 번의 노출, 230만 개의 좋아요와 댓글, 400만 달러 정도의 매체 효과를 얻었어요. 그런데 달리는 자동차와 함께 등장했던 늑대 개 로키의 인기도 덩달아 올라갔어요. 늑대

개 로키를 보기 위해 로그인하는 190만 명 이상의 팔로워를 확보했으니 인플루언서 맞네요.

조용하게 등장하여 큰 관심을 얻은 인플루언서들

'페이블'이라는 노르웨이 오디오북 브랜드가 있습니다. 현란한 영상이 넘쳐나는 시대에 오디오북을 들을 사람이 있을까요? 물론 있지요. 이 기업은 책을 좋아하는 인플루언서들과 계약했어요. 한 달간 각자의 인스타그램에 책을 읽어주는 게시물 1개와 스토리 4개를 올리는 캠페인이었죠. 결과는 성공적이었습니다. 책 인플루언서들은 주로 야외 활동할 때나 지루한 시간에 오디오북을 들었는데 하다 보니 신이 나서 약속보다 40퍼센트 이상 더 많은 콘텐츠를 자발적으로 올렸거든요. 그 결과 2주간 8만 명이 넘는 책 애호가들이 70만 번 방문했습니다.

〈슬로우 TV(Slow TV)〉는 2009년에 노르웨이의 NRK방송국이 처음으로 방송한 프로그램인데, 노르웨이의 제2도시인 베르겐에서 수도 오슬로까지 가는 일곱 시간 동안의 기차 여행을 보여주었어요. 네 대의 카메라를 동원해 제작진, 기차 역무원, 역사가, 은퇴 직원, 승객들과 인터뷰도 하고, 외부의 풍경과 기차 내부도 보여주었죠. 기차는 182개의 터널을 통과했습니다.

이 프로그램은 17만 6,000여 명의 시청자가 시청했고, 외국 언론에서도 주목을 받았지요. 영상 없이 조용히 책을 읽어주는 페이블 오디오북도 조용해서 성공하지 않았을까요? 너무 시끄럽고 복잡한 TV 프로그램과 확실하게 차별화한 〈슬로우 TV〉처럼 아무 일도 일어나지 않는 조용한 동영상도 소비자의 관심을 얻을 수 있습니다.

인플루언서와 협업하여 과감한 시도를 한 나이키

나이키는 과감하게 신제품 운동화를 반으로 잘라 단면을 보여주는 동영상 캠페인으로 시선을 끌었어요. 유튜브에서 활동하는 유명 인플루언서와 나이키 브랜드가 함께 제작한 광고였는데, '안에 뭐가 있지?(What's Inside?)'란 유튜브 계정에서 나이키 에어 베이퍼맥스 운동화를 반으로 잘라 안에 무엇이 있는지 확인하는 장면이 놀라움을 선사했지요. 이 동영상 캠페인은 700만 회 이상 조회되었고, 5만 8,000개 이상의 '좋아요'를 받는 등 대성공을 거두었어요.

보통 광고주들은 광고 아이디어가 아무리 좋아도 광고에서 실제로 자사 제품을 부수거나 망가뜨리는 것을 좋아하지 않는답니다. 그런데 용감한 광고주가 과감한 시도를 해서 소비자의 이목을 집중시킨 성공 사례를 만들었네요.

브랜드의 주목을 받는 '가상 인플루언서'

사람이 아니라 늑대 개도 인플루언서가 될 수 있다고 했지요? 그런데 더 파격적인 아이디어가 있어요. 2018년, 패션 브랜드 프라다(Prada)는 가상 인플루언서인 19살 릴 미켈라(Lil Miquela)를 광고에 기용했어요. 컴퓨터그래픽으로 만들어낸 가상 모델 릴은 애니메이션 GIF 형식으로 인스타그램 비디오에도 출연하고 패션 이벤트 현장 가상 둘러보기 영상에도 등장하며 맹활약했지요. 마치 실제 패션 모델처럼 인스타그램에 자신의 이름으로 계정도 만들어 300만 명 넘는 팬들과 소통하고 뮤직비디오에도 출연해서 인기를 끌었어요.

2021년 겨울, 한국에서도 22살의 로지(Rosy)라는 이름을 가진 가상 인플루언서가 광고에 등장했지요. 신한라이프 광고에 등장한 로지는 숲과 도심, 지하철에서 음악에 맞춰 춤을 춥니다. 광고 공개 일주일 만에 유튜브 조회 수가 83만 회를 넘었지요. 로지는 사람보다 더 사람 같다는 평을 들었는데, 광고가 유명해질 때까지 소비자들은 로지가 가상 모델인지 몰랐다고 하지요. 세계 여행과 요가가 취미인 모델 로지는 14만 명이 넘는 인스타그램 팔로워를 가진 인플루언서인데, "실제로 만나보고 싶다"는 댓글이 달리기도 했답니다.

　브라질계 미국인인 로지는 미국 로스앤젤레스에 사는데, 모델료가 1,000만 원 정도로 한 해 수익이 130억 원을 웃돈답니다. 프라다뿐 아니라 샤넬, 캘빈 클라인 모델로 활동하며 팝스타 레이디 가가의 소속사 CAA와도 정식 계약을 했대요.

　일본 이케아(IKEA)의 하라주쿠점 광고 모델로 등장한 이마(Imma)도 가상 인플루언서지요. 이마는 하라주쿠 매장에서 3일 동안 살았는데, 요가도 하고 청소도 하는 자신의 일상을 유튜브로 보여주었어요. 물론 하라주쿠 매장에서도 대형 화면에 동영상을 틀었지요. 데뷔하자마자 유명해진 이마는 포르쉐, SK-II 같은 브랜드의 모델로도 활동 중입니다.

　최근 등장한 가상 인플루언서는 앞으로도 인기를 얻을 것이 틀림없어요. 정교한 컴퓨터그래픽으로 만든 가상 인플루언서는 실제 모델과 구분하기 어려울 정도이고, 애니메이션으로 표현하니까 실제 촬영이 불가능한 장면도 마음대로 연출할 수 있거든요.

　사람처럼 아프거나 늙지도 않으니 모델 활동 기간도 길지요. 실제 모델처럼 좋지 않은 스캔들에 휘말려 광고가 중단되거나 모델료를 물어줄 필요도 없고요. 촬영 약속에 늦거나 밤새 이어지는 촬영에 피곤해하지도 않을 것입니다. 아, 밥도 먹지 않고 열심히 촬영하겠군요.

한편 2016년에는 프랑스 파리에 사는 루이즈 들라주(Louise Delage)라는 25세의 여성이 인스타그램을 시작했는데 한 달 만에 7만 명의 팔로워가 생겼어요. 그녀는 자신의 일상을 담은 150장의 사진을 올렸는데 갑자기 인기를 얻게 됐지요. 그녀의 사진들은 주로 비키니 차림으로 요트나 해변, 호텔에서 와인잔이나 맥주잔을 들고 있거나 친구들과 함께 파티를 즐기는 모습이었어요.

그런데 지금 그녀의 인스타그램 계정에 들어가 보면 얼굴 사진도 없고 이름만 남아 있어요. 그렇게 인기 많던 그녀의 계정이 왜 그렇게 됐을까요?

그녀가 마지막으로 올린 포스트가 엄청난 '반전'을 담고 있었답니다. 루이즈 들라주라는 이름의 여성과 그녀의 인스타그램 계정이 문제였어요. 단기간에 유명해진 그녀는 알코올, 담배, 마약 중독 문제를 돕는 '애딕트 에이드(Addict Aide)'란 사회단체가 만든 가짜 인물이었지요. 이 단체는 우리에게 "당신이 열광하던, 루이즈 들라주의 사진을 다시 한번 자세하게 들여다보세요"라고 말합니다. 다시 자세히 그녀가 공유한 사진들을 보니 그녀가 항상 술을 마시고 있었어요.

광고의 메시지를 눈치채셨나요? 루이즈 들라주는 알코올 중독 예방을 위해 만든 공익광고 캠페인이었지요. "우리는 때로 가까운 사람의 알코올 중독을 쉽게 알아차리지 못한다. 그러므로 일상생활에서 주변 사람들의 알코올 중독에 대해 관심을 가지고, 그들을 도와야 한다"는 것을 말하고 싶었던 것입니다. 이 광고 캠페인은 2017년 칸국제광고제에서 5개의 상을 받았어요.

제품에 매력을 더하는 인플루언서

모르피(Morphe)라는 화장품 브랜드는 미국의 유명 인플루언서 재클린 힐(Jaclyn Hill)과 협력해서 그녀가 재구성한 제품을 소개해서 인기를 얻었어요. 모르피는 그녀에게 자사 제품을 이용하여 마음대로 상품을 만들어보라고 했지요. 그래서 모르피 바이 재클린 힐(Morphe×Jaclyn Hill) 아이섀도 팔레트를 출시했어요. 이 제품은 45분 만에 매진되었지요.

이것이 바로 '모디슈머(Modisumer)'랍니다. 모디슈머란 '수정하다'라는 뜻의 '모디파이(modify)'와 '소비자'란 뜻의 '컨슈머(consumer)'를 합쳐서 만든 말이죠. 그러니까 기업이 만든 제품에 자신의 아이디어를 덧붙여 본인의 취향에 맞게 새롭게 만들어 사용하는 소비자를 말합니다. 서로 다른 라면을 함께 조리해 완전히 새로운 제품을 만들어낸 '짜파구리(짜파게티+너구리)'가 생각나지요?

때로는 소비자의 요청대로 기업이 새로 만들어주기도 합니다. 방탄소년단의 RM이 비빔면 한 개의 용량이 조금 적어 아쉽고, 두 개 먹으면 속이 좋지 않다고 하자 제조 회사가 한 개의 용량을 더 크게 만들어주겠다고 바로 발표했지요.

장난감을 소재로 영상을 올려 어린 나이에 세계적인 인플루언서가 된 경우도 있지요. 라이언 카지(Ryan Kaji)라는 어린이는 2015년에 인플루언서 활동을 시작했는데, 다양한 장난감을 개봉하는 비디오를 부모가 찍어 유튜브에 올렸지요. 그의 동영상은 수십억 회의 조회 수를 기록했고, 장난감 브랜드 마텔, 레고가 관심을 갖게 됐죠. 그의 유튜브 페이지에 들어가 보니 구독자가 3,000만 명이 넘네요. 동영상이 무려 2,000편이 넘게 올라가 있군요. 물론 저절로 구독자가 많아진 것은 아니에요. 그의 미디어 콘텐츠는 애니메이션, 교육 비디오, 비디오 게임 등으로 다양하게 구성되어 있어요. 부모도 함께 출연하는 영상도 많아서 썰렁한 느낌이 들지 않고 역동적인 분위기를 연출합니다. 이처럼 인플루언서가 제품에 아이디어나 매력을 더하는 경우도 있답니다.

토론해 봅시다

1. 사람이 아닌 인플루언서 하면 무엇이 떠오르나요? 각자 알고 있는 사례를 친구들과 이야기해 봅시다.
2. 가상 인플루언서를 광고에 기용하는 것은 어떤 장점과 단점을 갖고 있는지 이야기해 봅시다.
3. 만일 내가 인플루언서가 된다면 과연 어떤 콘셉트로 어떤 소비자에게 다가갈지 이야기해 봅시다.

5
매체는 달라도
하나의 메시지로 소통한다

IMC라는 말 들어보셨나요? IMC란 '인티그레이티드 마케팅 커뮤니케이션(Integrated Marketing Communications)'의 약자입니다. '인티그레이티드(integrated)'는 '통합적인'이란 뜻이니까, IMC란 마케팅 커뮤니케이션을 통합적으로 하는 것을 말합니다.

발음은 좀 어렵지만, IMC는 광고에서 상당히 중요한 개념이랍니다. 핵심만 말하자면, 광고의 종류나 매체의 특성은 살리되 그 광고가 하나의 광고로 보이게 만드는 것이 좋다는 뜻입니다. 어젯밤 본 TV 광고에 나온 이미지가 아침에 거리에서 본 디지털 빌보드 광고에 그대로 나와야 기억하기 쉬울 테니까요. 그런데 지하철에 타서 본 광고와 모바일 광고가 다르다면 어떨까요? 소비자는 그 광고들이 하나의 브랜드 광고인 걸 모를 수 있어요.

이 경우 무엇이 문제일까요? 광고 비용은 많이 썼는데도 소비자들이 그 광고를 다른 브랜드의 광고인 줄 안다는 것이 가장 큰 문제일 것입니다.

그래서 광고 회사에서는 아이디어를 평가할 때 반드시 'IMC 관점에서 기획한 아이디어인가?'라고 묻습니다. 아무리 좋은 아이디어가 나왔다 해도 TV 광고에만 적합하고 인쇄 광고로는 잘 어울리지 않는 경우가 생기기 때문이죠. 광고에는 다양한 매체를 사용하더라도 하나의 느낌과 통일된 인상을 주는 아이디어가 필요합니다.

광고 커뮤니케이션의 유형

IMC를 본격적으로 알아보기 전에 커뮤니케이션의 유형을 살펴봅시다. 광고는 기업의 대외 커뮤니케이션이므로, 그 유형을 짚고 넘어갈 필요가 있기 때문입니다. 커뮤니케이션에는 크게 네 가지 유형이 있어요.

일대다(one-to-many) 커뮤니케이션

한 기업이 다수의 소비자들에게 메시지를 전하는 방식입니다. 대개 매스미디어를 이용하기 때문에 많은 사람들에게 빠르게 전달할 수 있지만, 비용이 많이 들지요.

다대일(many-to-one) 커뮤니케이션

광고에 응답 버튼을 넣는 식으로 기업과 소비자가 양방향 커뮤니케이션을 할 수 있게 하는 소통 방법입니다.

일대일(one-to-one) 커뮤니케이션

소비자와 기업이 직접 커뮤니케이션하는 방식입니다. 특히 요즘은 이메일이나 댓글창, 챗봇(chat bot), 카카오톡 같은 메시징 서비스 등을 활용하여 온라인으로도 일대일 커뮤니케이션하는 일이 더욱 많아지고 있지요.

다대다(many-to-many) 커뮤니케이션

기업이 일방적으로 하고 싶은 말만 전하는 광고를 넘어 다수의 소비자와 대화하고 토론하는 온라인 채팅방, 블로그, 웹사이트와 같은 수단을 이용해 커뮤니케이션하는 방식입니다. 소비자들의 생각과 정보, 경험을 교환할 수 있어 활발하게 이루어지고 있지요.

IMC는 왜 등장했을까?

1980년대, 마케팅 환경이 급격하게 바뀌기 시작했어요. 이제 제품을 만들어 시장에 내놓기만 해도 잘 팔리던 시대는 지나갔지요. 광고를 싣는 매체가 다양해지기 시작했고, 시장은 세계화되기 시작했어요. 굳이 한 나라 안에서 모든 제품을 만들 필요가 없어졌지요.

글로벌 기업들은 제조원가가 낮은 곳에 공장을 짓고, 거기서 만든 제품을 세계 시장에 팔기 시작했죠. 당시만 해도 땅이 넓고 인건비가 낮은 중국이 세계의 공장이 되었어요. 그 결과 '메이드 인 차이나(Made in China)'라고 적힌 제품 없이는 하루도 살기 어려운 세상이 되었어요. 지금은 중국의 물가도 올라 베트남이나 캄보디아 등의 나라로 공장을 옮겼지만요.

소비자의 변화도 시작되었는데요. '대중(大衆)'이란 용어 대신 '분중(分衆)'이란 용어가 등장했어요. 소비자를 무리로 보지 않고 개인으로 봐야 한다는 생각이지요. 꼭 마케팅 세계에서만 그런 것은 아니죠. 우리는 얼굴이 다른 만큼 각기 독특한 개성을 갖고 있으니까요.

가장 커다란 변화는 인터넷의 등장입니다. 인터넷에 자유롭게 접속하여 흔적을 남기고 가는 소비자를 통해 기업은 이전에 가지지 못했던 막대한 소비자 데이터베이스를 얻게 되었어요.

따라서 마케팅 커뮤니케이션 전문가들이 지금까지 열심히 해왔던 커뮤니케이션 방식을 다시 생각하기 시작했어요. 얼굴도 모르는 대중을 상대로 마케팅하던 오래된 방법과 관행이 이제 효과가 없다는 것을 깨닫게 됐거든요.

그동안 기업들은 광고, 홍보, 브랜딩, 포장, 판매 촉진, 이벤트 같은 마케팅 활동을 각기 다른 회사와 진행하고 있었어요. 그러니까 소비자에게 브랜드의 통일된 한 가지의 메시지를 전하는 대신 각각의 전문 회사가 다른 느낌의 메시지와 이미지를 만들어내고 있었지요. 그러다가 소비자와 소통하는 디지털 광고가 마케팅 커뮤니케이션의 지배적인 형태가 되자 비용이 많이 드는 전통적인 광고에 덜 의존하게 된 것이지요. 즉, 이러한 시장, 소비자, 인터넷 환경의 변화 등으로 인해 IMC란 개념이 등장한 것이랍니다.

🗨 IMC에 성공한 기업은 무엇이 다를까?

그럼 통합 마케팅 커뮤니케이션, IMC를 적용하여 성공한 사례를 몇 가지 알아볼까요?

에미레이트항공, 마케팅의 기본은 품질

에미레이트항공은 1985년에 비행기 2대를 임대해서 항공 서비스를 시작했는데 지금은 300대 가까운 비행기로 157개의 목적지에 운항하는 글로벌 항공사가 되었지요. 에미레이트항공의 IMC 전략은 말 그대로 모든 광고 홍보 활동을 통합한 것이었어요.

우선 전통적인 광고인 인쇄 광고를 통해 항공사의 새로운 취항 정보, 비행 노선 및 고급 항공기 정보 등을 소개합니다. 또 이벤트 스폰서십도 자주 하는데요. 이 항공사는 홍보를 위해 축구, 경마, 테니스 등의 스포츠 행사를 연간 적극적으로 후원합니다. 특히 영국의 아스널 같은 대형 축구 클럽과 후원 계약을 체결했고, 항공사 이름을 따서 구단의 홈구장에도 '에미레이트스타디움'이란 이름을 붙였지요.

자사가 갖고 있는 각종 매체에도 광고를 끊임없이 집행하고 있어요. 최신 기내 엔터테인먼트 시스템을 통해 항공사의 최신 여행 서비스를 홍보합니다. 또 회사의 공식 웹사이트에서 소비자가 직접 항공권을 구입할 수 있게 했지요.

광고 홍보 활동만 하는 것이 아닙니다. 에미레이트항공사는 천연자원을 보호하고 대기 오염을 줄이기 위한 자사의 지속 가능한 환경 전략을 젊은 소비자들에게 적극적으로 알리고 있습니다. 공해가 적고 연료 효율이 가장 좋은 최신 항공기를 도입한다는 것도 홍보하지요.

또 모든 마케팅 활동의 기본 주제를 자사 서비스의 높은 품질로 정해 광고 활동을 합니다. 멋진 광고를 보여주는 것보다 서비스 자체가 중요하다는 것을 알고 있는 것이지요.

에미레이트항공은 TV 광고, 인쇄 광고, PR, 후원, 자선 재단 활동, 기내 광고, 소셜 미디어 광고, 디지털 마케팅, 프로모션 등 가능한 모든 채널을 총동원한 IMC 활동을 성공적으로 이어갔어요. 에미레이트항공이 전 세계 많은 여행객에게 인기가 높은 비결이지요.

고프로, 소비자를 홍보대사로 만들다

소형 카메라 브랜드 고프로(GoPro)를 아시나요? 2002년에 닉 우드먼(Nick Woodman)이란 청년이 만든 브랜드예요. 처음에 그는 30달러짜리 카메라를 팔에 달기 위한 손목 밧줄을 개발했다가 실패했어요. 호주에서 서핑하면서 격렬하게 움직이며 촬영하다 카메라가 없어졌지요. 그렇게 우여곡절 끝에 만든 소형 카메라가 지금의 제품이 되었습니다. 카메라가 작고 아무 데나 붙여 촬영할 수 있어 일반 카메라가 담을 수 없는 동영상을 얻는 데 성공했지요. 물에서 촬영할 때 젖지 않는 방수 장치도 만들었고요.

고프로는 제품의 성격을 잘 살려서 IMC 활동을 했어요. '영웅이 되세요(Be a Hero)'란 제목의 캠페인을 벌여 성공했는데요. 제품명이 '영웅(Hero)'이라 우리 모두 영웅이 되자는 메시지를 담아 캠페인을 집행한 것이지요. 옥외 광고, 브랜드 관련 후원, 소방관 일을 하는 소비자가 보내준 동영상, 고프로 카메라로 찍은 영상의 공모전 등 다양한 IMC 활동으로 마케팅에 성공했습니다.

IMC 활동 중 가장 중요한 것은 역시 소비자의 참여였어요. 홈페이지에서 소비자가 직접 제작한 UGC(User-Generated Content)를 적극적으로 받아주는 전략이지요. 1,000만 명이 넘는 가입자를 자랑하는 유튜브의 고프로 계정에는 지금 이 순간에도 사용자가 찍은 동영상이 올라옵니다. 소비자가 고프로의 홍보대사를 자처하는 것이지요. 그러면 브랜드에 대한 충성도가 올라가고 오래 유지되며 나아가 소비자가 브랜드를 옹호하는 관계도 만들어지는 장점이 있지요. 소비자가 자발적으로 브랜드를 홍보하는 단계입니다. 그런 경지에 이르는 것은 모든 마케터들의 꿈이라 할 수 있지요.

🗨 IMC에 능한 글로벌 브랜드들

글로벌 브랜드들은 특히 IMC를 잘하고 있어요. 예를 들어, 전 세계 시장을 상대로 제품을 팔고 있는 애플이나 IBM의 광고는 미국에서 봐도 아프리카에서 봐도 한국에서 봐도 광고의 느낌이 거의 같지요. 영어를 사용하지 않는 나라에서는 광고 카피만 그 나라 말로 바꿉니다. 마치 할리우드 영화에 한글 자막을 넣는 것처럼요. 이전에는 광고 모델도 그 나라 사람으로 바꾸어 찍기도 했지만, 이제는 세상이 좁아져서 굳이 그렇게까지 할 필요가 없어졌어요.

그렇게 전 세계 시장을 대상으로 IMC 관리를 하기 때문에 글로벌 브랜드는 어느 나라에서도 같은 이미지와 느낌을 주는 것입니다. 그래서 모스크바 공항에 도착해서 제일 먼저 눈에 들어오는 광고도 강남역에서 본 것처럼 왠지 익숙한 느낌을 받게 되지요.

IBM 같은 글로벌 브랜드는 광고의 이미지뿐 아니라 광고에 넣는 자사의 브랜드나 슬로건의 위치와 크기까지 일일이 점검한답니다. 뉴욕에서 온 IBM 본사 직원들과 한국에서 광고 회의를 한 적이 있는데, 세 시간이 넘도록 아무 말도 하지 않는 직원이 두 명 있었어요. 미국인 중년 여성들이었는데, 원래 과묵한 건지 회의 내용에 관심이 없어서 그런 건지 커피 마시는 시간에 물어봤지요.

그 직원들이 말하길 자신들은 광고 내용에는 관심이 없고 광고에서 IBM 로고의 위치와 슬로건의 간격을 잘 지키고 있는지 보러 왔다고 했어요. 특히 이번에는 한국의 한 회사와 함께하는 광고라서 IBM의 로고와 한국 기업의 로고가 브랜드 가이드라인의 규정대로 제대로 간격을 두고 있는지 점검하러 온 것이라고 하더군요. 그렇게 IBM 광고가 같은 느낌을 주기 위해 전 세계를 돌아다니며 점검하는 것이 자신들의 주 업무라고 했어요. 어떻게 하면 그 일을 할 수 있는지 알려달라고, 참 부러운 직업이라고 했더니 웃더군요. 이쯤 되면, 한 브랜드의 IMC 관리가 거의 국제경찰 수준이죠?

💬 '마케팅 믹스'는 뭔가요?

원래 마케팅 커뮤니케이션이란 말 자체가 각기 다른 마케팅 채널과 수단을 잘 결합하여 소비자와 소통한다는 뜻이랍니다. 광고, 일대일 마케팅, 협찬, PR, 소셜 미디어, 프로모션 같은 모든 마케팅 채널을 조화롭게 활용할 수 있어야 한다는 것이지요. 그런 다양한 채널을 잘 섞어서 사용하는 것을 '마케팅 믹스(marketing mix)'라고 부릅니다.

앞에 언급했던 마케팅의 4P 기억하나요? 영어 P로 시작하는 네 가지 마케팅의 요소가 있다는 것인데, 제품(Product), 가격(Price), 유통(Place), 촉진(Promotion)을 말하지요. 이런 요소들을 슬기롭게 섞어서 활용하는 것이 효과적인 마케팅 커뮤니케이션입니다.

광고는 마케팅 커뮤니케이션의 한 분야를 차지하고 있어요. 더 좁히면, 기업의 대외 커뮤니케이션이라 할 수 있지요. 지금은 제품을 만들기만 하면 팔리던 시대가 아니라 소비자와의 소통이 그 어느 때보다 중요해졌어요. 소비자에게 브랜드를 알리는 것을 넘어 기업과 소비자가 상호 작용을 하는 시대입니다.

소비자는 대기업뿐 아니라 동네의 작은 식당도 봐주지 않습니다. 제품이나 서비스가 기대에 맞지 않거나 속는 느낌이 들면 바로 항의하고 행동하지요.

한편, 소비자는 작은 요소에서 브랜드에 대한 인상을 받습니다. 광고 외에도 회사의 안내 직원의 응대 태도, 입구에 놓인 화분의 관리 상태, 배송 트럭의 난폭운전, 명함의 폰트와 디자인, 대리점 화장실 휴지의 품질 같은 사소한 것들이 모여 브랜드에 대한 인상을 만듭니다. 따라서 어느 브랜드의 효과적인 IMC를 위해서는 광고뿐 아니라 회사의 홈페이지, 간판, 전단의 디자인, 청소 상태까지 세심하게 신경 써야 하겠지요.

🕐 모든 노력을 기울여 소비자에게 좋은 인상을

IMC는 그렇게 어려운 개념이 아닙니다. 광고 메시지가 널리 퍼지길 원한다면 반드시 생각해야 할 통합적인 마케팅 노력이지요. IMC를 성공적으로 하기 위해서 가장 중요한 요소는 역시 소비자입니다. 브랜드가 어떤 채널이나 미디어를 통해 메시지를 전달하더라도 소비자가 혼란 없이 제대로 받아들일 수 있게 해야 하는 것이지요.

특히 소셜 미디어는 브랜드가 조정하고 관리할 수 없는 미디어이기 때문에 미리 IMC 전략을 꼼꼼하게 세워야 합니다. 나쁜 이야기도 순식간에 전 세계로 일파만파 퍼질 수 있는 강력한 채널이기 때문이죠.

다양한 형태의 전통적인 광고와 무서운 힘을 가진 소셜 미디어 광고를 잘 통합하는 것이 현대의 IMC 활동이라 할 수 있습니다. 광고의 종류나 매체의 특성은 살리되 그 광고가 하나의 브랜드 광고로 보이게 소비자와 소통을 해야겠죠. 소비자가 한 브랜드에 한 가지의 좋은 인상을 지속적으로 받을 수 있게 노력하는 것입니다.

📝 토론해 봅시다

1. 요즘 여러 광고에서 자주 눈에 띄는 브랜드나 제품이 있나요? 그 기업은 어떤 메시지를 일관적으로 전하고 있는지, 효과적으로 전하고 있는지 생각해 봅시다.

2. 자주 가는 식당이나 카페 혹은 온라인 쇼핑몰 등에서 작은 부분 때문에 실망한 경험이 있나요? 이 경험을 바탕으로 IMC 마케팅에서 사소한 부분의 중요성을 생각해 봅시다.

광고 크리에이티브의 혁명가, 빌 번박

빌 번박(Bill Bernbach, 1911~1982)은 미국의 유명한 광고 크리에이티브 디렉터입니다. 그는 1949년에 설립한 광고대행사 DDB(Doyle Dane Bernbach)의 세 창립자 중 한 명이었죠. 그는 폭스바겐의 전설적인 광고 캠페인을 만들었고, 지금까지도 광고대행사에서 일반적으로 사용하는 크리에이티브 팀의 구성에 커다란 영향을 미쳤습니다. 당시에 따로 일하던 카피라이터와 아트 디렉터를 2인 팀으로 만든 최초의 인물이랍니다.

빌 번박은 뉴욕대학교에서 영어를 전공했지만, 경영학, 철학, 음악, 피아노도 공부했어요. 경제 대공황 시절 대학교를 졸업한 후 주류 회사의 우편실에서 일하면서 위스키 광고를 만들었는데 그것이 실제로 집행되어서 광고 부서로 뽑혀갔지요. 제2차 세계대전에서 2년 동안 현역으로 복무한 후 그레이(Gray) 광고대행사에서 카피라이터로 일하다가 크리에

이티브 디렉터로 승진했어요. 그는 모든 광고가 비슷하다는 데 불만을 갖고, 회사의 경영진에게 그 우려를 표현하는 편지를 쓰기도 했죠. 다음은 빌 번박의 대표적 광고입니다.

빌 번박의 역작, 폭스바겐 '레몬'

1960년, 폭스바겐은 가장 유명한 광고인 '레몬' 편을 내보냈어요. '레몬'은 시기만 한 레몬처럼 성능과 품질이 저급한 제품을 일컬을 때 흔히 쓰는 단어인데요. 자사의 '더 비틀(The Beetle)'이라는 차 이미지 아래에 그 말을 쓴 거예요.

정말 자사의 제품이 품질 불량이라는 말을 하고 싶었던 걸까요? 사실은 그 반대입니다. 광고 하단에는 품질 검사 과정에서 작은 흠집이 발견

되어서 교체해야 한다는 말이 적혀 있거든요. 결국, 폭스바겐이 아주 작은 흠집도 용납하지 않는 철저한 검사 체계를 가졌다는 사실을 강조하여 신뢰를 주고자 했던 것이죠.

게다가 이 광고는 한 단어밖에 되지 않는 '레몬.'이란 헤드라인에 마침표를 찍은 것이 신선하다는 평가를 받아요. 독자가 광고를 보다가 멈추고 잠시 더 생각하게 만들었거든요.

어색한 로고 위치도 전략적 디자인에 따른 것입니다. 보디카피 사이에 폭스바겐 로고를 부자연스럽게 배치하여 소탈한 이미지를 보여준 것이지요.

한편,《라이프(Life)》잡지에 실린 이 광고는 흑백으로 나갔어요. 비용절감의 의도도 있었겠지만, 잡지 안의 화려한 컬러사진 속에서 확실하게 눈에 들어오는 효과를 보았죠. 자신을 낮추는 유머를 사용한 점도 돋보입니다. 대부분 사회적 지위를 강조하던 자동차 광고 속에서 자기비하적인 유머는 정직과 단순함이라는 폭스바겐의 브랜드 이미지를 만들어냈어요.

당신이 2위라면, 더 열심히 해야죠

미국의 렌터카 업체 에이비스(Avis)의 1962년 '더 열심히 해야죠(We Try Harder)' 캠페인은 광고에서 작은 회사가 싸우는 방식을 바꾼 것으로 유명합니다. '더 열심히 해야죠'는 20세기의 가장 빛나는 광고 슬로건으로 인정받고 있지요.

에이비스는 창립 이후 시장의 선두주자인 헤르츠(Hertz)에 뒤처져 있었어요. 그래서 광고대행사 DDB를 찾아가 광고를 맡겼죠. 그 결과 '당신이 2위라면, 더 열심히 해야죠. 아니면 어쩌겠어요'라는 새로운 태그라인이 탄생했습니다. 광고는 바로 성공했어요. 모두들 자기가 1등이고 최고라고 하는데, 저희 회사는 2등이라 그냥 더 열심히 하는 수밖에 없다는 카피를 쓴 회사에 다들 긍정적인 반응을 보였지요. 좀 길지만 보디카피도 한번 읽어보시겠어요?

"작은 물고기는 쉴 새 없이 헤엄쳐야 합니다. 큰 물고기들이 계속 잡아먹으려고 하니까요. 에이비스는 작은 물고기의 문제를 잘 알고 있습니다. 저희는 렌터카의 2등 업체입니다. 저희가 더 열심히 하지 않으면 바로 잡아먹히지요. 저희는 쉬지 못합니다. 저희는 늘 차량 재떨이를 비우고, 차를 빌려 드리기 전에 연료 탱크가 가득 찼는지 점검합니다. 배터리 상태가 어떤지도 봅니다. 유리창 닦는 와이퍼도 점검합니다. 신형 포드 차보다 급이 낮은 차는 절대 빌려드리지 않습니다. 저희는 큰 물고기가 아니라서, 사무실에 오시면 꽁치 통조림 속에 들어간 것 같은 기분은 들지 않으실 겁니다. 손님이 그렇게 많지 않거든요."

애플 매킨토시 컴퓨터 〈1984〉 광고

〈1984〉는 애플의 개인용 컴퓨터 매킨토시(Macintosh)의 출시를 알리는 60초짜리 TV 광고입니다. SF영화 〈블레이드 러너〉의 감독 리들리 스콧이 연출을 맡아 장엄한 영화를 보는 느낌을 주지요.

이 광고는 1984년 1월 22일 미국 CBS의 슈퍼볼 중계방송에 나가 파란을 일으켰어요. 조지 오웰은 소설 『1984』에서 '빅 브라더'가 지배하는 디스토피아적 미래를 묘사했는데, 거기서 영감을 받은 것이지요. 1995년 클리오국제광고제는 이 광고를 명예의 전당에 올렸고, 광고전문지 《애드에이지(*Ad Age*)》는 이 광고를 '가장 위대한 광고 50 목록'의 맨 위에 올렸어요.

광고는 파란색과 회색 톤으로 이어지는데, 마치 로봇 같은 사람들이 긴 터널에서 한 줄로 행진합니다. 다음에 빨간색 운동복과 흰색 탱크톱을 입은 육상 선수 같은 여성이 등장합니다. 그녀는 큰 망치를 들고 들어오지요. 대형 스크린 속의 빅 브라더는 연설을 합니다. 이제 스크린 가까이에 간 여성은 빅 브라더가 "우리가 승리할 것이다!"라고 선언하는 순간에 스크린을 향해 망치를 던집니다. 쏟아지는 빛과 연기 속에 스크린이 무너져 관객들은 충격에 빠지지요. 하얀 화면에 검정색 글자로 자막이 뜹니다. "1월 24일, 애플컴퓨터는 매킨토시를 선보일 것입니다. 그러면 1984년이 왜 1984년과 같지 않은지 알게 될 것입니다." 화면은 어두워지고 무지개 애플 로고가 나타납니다. TV 광고이니 유튜브에서 한번 찾아서 감상해 보세요.

이 광고의 의미는 애플의 창업자 스티브 잡스의 다음 말에 담겨 있어요.

"지금은 1984년입니다. IBM이 모든 것을 원하는 것 같습니다. 딜러들은 이제 IBM이 지배하고 통제되는 미래를 두려워합니다. IBM은 시장 지배를 원해서 산업 통제의 마지막 장애물인 애플에 총구를 겨누고 있습니다. (그렇다고) Big Blue(IBM)가 전체 컴퓨터 산업을 지배하게 될까요?"

빌 번박의 말

이처럼 멋진 광고를 만들었던 빌 번박의 광고에 대한 조언을 몇 가지 소개할게요.

"광고에서 가장 강력한 요소는 진실입니다."

"예술가는 규칙을 어깁니다. 기억에 남는 것은 공식에서 나오지 않기 때문입
니다."

"전문적으로 대중매체를 이용하는 우리 모두는 사회의 창조자입니다. 우리
는 사회를 천박하게 만들 수 있습니다. 잔인하게 만들 수도 있습니다. 반대로, 우
리는 사회를 더욱 높은 수준으로 끌어올리도록 도울 수 있습니다."

"아이디어는 재능에 따라 먼지로 바뀌거나 마법으로 바뀔 수 있습니다."

4장

광고에도

윤리가 필요하다

1

광고 윤리가 무엇인가요?

광고 윤리란 기업이나 정부 단체 등 광고를 하는 주체가 광고 활동을 하면서 지켜야 할 윤리를 말합니다. 광고는 소비자에게 제품이나 서비스에 대한 정보를 전해주어 생활에 도움을 주지요. 하지만 제품의 장점을 자랑하고 싶은 나머지 사실과 다르게 지나치게 과장하거나 허위 사실을 전달하면 곤란합니다. 광고는 진실해야 합니다. 사실과 다른 거짓 정보로 소비자를 속이면 범죄가 되니까요.

1959년 6월 9일에 우리나라에서는 처음으로 《한국일보》가 광고 윤리 요강을 만들어 발표했어요. 그러다가 방송광고가 많아지면서 방송광고 윤리 규정도 생겼지요. 또 한국광고단체연합회도 광고 윤리 강령을 제정했고요. 미국에서는 세계 최초로 광고 전문지 《프린터스 잉크(*Printers' Ink*)》가 1911년에 윤리 규범을 만들었어요.

☆ 광고 윤리를 지키기 위한 규정

윤리는 광고뿐 아니라 모든 산업 분야의 모든 직업에 종사하는 사람들이 지켜야 할 도덕적인 지침입니다. 특정 활동을 하거나 행동하는 방식에 대한 도덕적 원칙 역할을 하지요.

광고는 소비자에게 다가가서 마음을 열게 합니다. 다만 목적만 생각하여 방법이 도를 넘지 말아야 합니다. 과유불급(過猶不及)이란 말 아시나요? 무슨 일이든 지나침은 오히려 모자람만 못하다는 뜻이지요. 마케팅과 광고를 하는 사람들은 윤리적 광고에 대한 기준을 늘 머릿속에 갖고 있어야 합니다. 마케팅 효과만을 생각하다가 이를 위반하면 이를 알아차린 소비자들로부터 항의를 받게 되고 나쁜 평가는 걷잡을 수 없이 퍼져 돌이킬 수 없기 때문입니다. 윤리적 기준을 벗어나면 법적인 제재를 받을 수도 있지요.

광고 윤리는 기업이 소비자와 의사소통하는 방법을 규정하는 도덕적 원칙입니다. 기업은 신제품을 출시하면서 자사의 제품이 경쟁 업체의 제품보다 낫다고 주장하는 일이 많지만 실제 시장에서는 꼭 그렇지 않을 때가 있어요. 그러니까 경쟁 우위를 뒷받침할 수 없다면 윤리 기준을 벗어난 거짓 광고가 되는 것이지요. 기업은 올바른 방식으로 진실한 이야기를 전하는 광고를 만들어야 합니다.

때로 기업 입장에서는 윤리적인 광고인데 소비자는 아니라고 하는 경우도 생깁니다. 소비자는 불특정 다수이기 때문에 저마다의 윤리적 신념이 기업과 같을 수가 없겠지요.

예를 들어, 광고에 사무실에서 머리가 깨질 듯한 두통을 경험하는 회사원이 나옵니다. 그런데 두통약 한 알을 먹자마자 답답했던 사무실 벽이 깨지고 주인공은 사무실 의자 대신 멋진 하와이 해변의 비치 베드에 편안히 앉아 있는 장면을 연출합니다. 그런 광고를 본 소비자의 반응은 두 가지일 것입니다. 어느 소비자는 두통약 한 알 먹었다고 그렇게 빨리 두통이 가라앉는 건 말이 안 된다고 따질 수 있습니다. 또 다른 소비자는 답답한 사무실에서 멋진 하와이 해변으로 장면이 바뀐 것은 영화적 약속이니 괜찮다고 할 수도 있지요. 여러분은 어느 편인가요? 그때그때 다르겠지만, 광고를 만드는 마케터들은 처음부터 그런 소비자의 반발이나 법적 문제가 생기지 않도록 세심한 주의를 기울여야 합니다.

그럼 광고에 대한 윤리적 기준은 어떤 것이 있을까요? 먼저 미국의 광고 윤리에 관한 기준을 알아볼까요?

☆ 미국의 광고 윤리 규정

다음의 아홉 가지 윤리 기준은 미국의 광고윤리연구소(Institute for Advertising Ethics, IAE)가 제정하고 미국광고연맹(American Advertising Federation)이 2개의 주요 언론 기관과 관리하는 기준입니다.[8]

'진실'이라는 공통의 목표를 공유하기

광고, 홍보, 커뮤니케이션, 편집, 뉴스 담당자 등 광고 제작에 관련된 모든 사람이 진실이라는 목표를 공유해야 합니다. 소비자는 윤리적이고 정직한 광고를 중요하게 생각하기 때문입니다. 진실을 공유한다면 윤리

기준을 유지하면서 많은 소비자에게 더 잘 다가갈 수 있습니다.

높은 개인 윤리 기준 가지기

광고주는 광고 정보를 만들고 공유할 때 최고 수준의 개인 윤리 기준을 세워서 지켜야 합니다. IAE는 광고 전문가들이 높은 수준의 전문성을 보여주는 동시에 진실하고 윤리적인 광고를 만들도록 교육합니다.

뉴스와 기사형 광고 구별하기

광고와 기사, 뉴스를 구분하지 못하게 만드는 일은 소비자를 혼란하게 하는 비윤리적 행위입니다. 뉴스 배포는 광고와 달라야 하는데, 기업들은 광고 콘텐츠를 기사 콘텐츠로 모호하게 만들어 소비자를 오도하는 경우가 있죠.

조건과 보증을 명확하게 밝히기

광고가 소비자의 행동에 대한 대가로 무엇인가를 무료로 제공할 수 있습니다. 하지만 높은 윤리적 기준을 유지하기 위해 그런 교환의 조건을 명확하게 밝혀야 합니다. 또한 광고에 출연하여 제품을 보증하는 모든 보증인은 투명하고 완전하게 공개해야 합니다. 최근 소셜 미디어는 인플루언서를 내세우거나 제품 및 서비스를 무료로 받고 광고하는 사람들을 기용하여 복잡한 상황을 만들고 있습니다. 인플루언서 및 보증인을 기용하거나 그들에게 무료로 무언가를 제공할 때 광고주는 이 거래의 조건과 광고 참여자들의 보상 여부를 투명하게 밝혀야 합니다. 그래야 소비자는 브랜드를 믿고 선택할 수 있습니다.

소비자를 공정하게 대우하기

광고주는 모든 소비자를 공정하게 대우해야 합니다. 하지만 광고를 보는 소비자와 제품의 표현 방법, 제품의 특성에 따라 더 엄격한 규칙이 필요한 경우가 있습니다. 예를 들어, 어린이와 노인을 대상으로 하는 제품은 오도하기 쉽기 때문에 더 엄격한 광고 규제가 있을 수 있습니다. 처방약과 주류 제품도 민감한 특성 때문에 광고에 고유한 규정을 적용합니다.

개인정보 투명하게 사용하기

광고주는 소비자의 개인정보를 사용할 때 투명하게 하고, 제공한 정보가 어떻게 사용되는지에 대한 세부 정보를 밝혀야 합니다. 온라인상의 소비자 행동을 찾아내는 방법이 진화함에 따라 소비자는 기업이 자신의 개인정보를 사용하는 방법에 대해 염려하고 있습니다. 정부에서는 마케터가 개인정보를 취득하고 사용하는 방식을 변경하여 소비자가 기업과 공유하는 정보에 대해 더 많은 통제를 하고 있습니다.

법적 규정 지키기

광고주는 업계에 적용되는 법적 규정을 따라야 합니다. 광고 문제를 해결하기 위한 다양한 자율 규제 기관과 프로그램을 미리 점검하여 따라야 합니다.

윤리적 문제를 논의할 수 있는 권한 갖기

광고 분야에서 일하는 사람은 광고 캠페인을 개발하고 집행할 때 윤리적 문제가 있을 것 같으면 문제를 제기할 수 있는 권한을 가져야 합니다. 광고 캠페인 개발에 최고의 윤리 기준을 실행하고 적용해야 합니다. 그것을 미리 소비자와 공유해야 합니다. 윤리적인 광고주는 항상 소비자에게 가장 좋은 것이 무엇인지 생각해야 합니다.

비용의 투명성 유지와 완전한 공개

광고와 홍보 비즈니스 파트너 간의 신뢰를 위해 비즈니스 소유권과 계약, 대행사 보수와 리베이트, 미디어 인센티브 내용을 완전히 공개해야 합니다.

☆ 대한민국의 광고 윤리 규정

이제 한국의 광고 윤리 규정을 봅시다. 기업이 신문에 내는 광고는 신문광고윤리강령을 지켜서 만들고 게재해야 합니다. 다음과 같은 내용이죠.

신문광고윤리강령
1. 신문광고는 독자에게 이익을 주고 신뢰받을 수 있어야 한다.
2. 신문광고는 공공질서와 미풍양속을 해치거나 신문의 품위를 손상해서는 안 된다.
3. 신문광고는 관계 법규에 어긋나는 것이어서는 안 된다.
4. 신문광고는 그 내용이 진실하여야 하며 과대한 표현으로 독자를 현혹시켜서는 안 된다.
1996.04.08. 개정, 한국신문협회·한국신문윤리위원회

인쇄 광고와 기사형 광고에 대한 심의는 한국광고자율심의기구에서 담당하고 있어요. 심의를 하는 목적은 허위·과장 광고로부터 독자의 권익을 보호하며 언론의 공공성·공익성을 제고하고 유해 광고로부터 어린이·청소년의 정서를 보호하는 것이죠. 기사형 광고의 심의는 기사형 광고의 편집 기준을 따랐는지 여부를 봅니다. 인터넷 신문 광고는 인터넷신문위원회에서 기사와 광고에 대한 자율심의활동을 시행하고 있어요.

방송광고의 사전 자율 심의는 방송협회와 케이블TV협회가 하고, 사후 심의는 방송통신심의위원회가 하지요. 방송광고는 방송이 가진 막강한 영향력 때문에 신문광고윤리강령에 비해 매우 자세한 규정을 두어 심의합니다. 움직이지 않는 인쇄 광고에 비해 움직이는 영상과 음향으로 만드는 방송광고는 소비자에게 더욱 강한 인상을 주니까요.

신문광고윤리강령과 신문광고윤리실천요강, 인터넷신문 광고윤리강령, 방송광고심의에 관한 규정은 265페이지 '부록'에 실어두었으니 확인해 보기 바랍니다.

2021년, 방송통신위원회는 지상파 방송도 케이블TV처럼 중간광고를 할 수 있게 허용했어요. 1973년부터 지상파에 금지되었던 중간광고가 부활한 것이지요. 기업의 입장에서는 법으로 제한되어 있는 광고 방송 시간이 늘어나 좋지만, 시청자는 좋아하는 프로그램의 중간에 광고가 들어가서 감상을 해칠 수 있으니 싫어할 수 있겠지요. 방송통신위원회는 급변하는 미디어 환경 변화에 맞추어 낡은 방송광고 규제를 혁신하기 위한 노력이라 설명했지만, 소비자 입장은 고려하지 않은 것으로 보입니다.

여러분의 생각은 어떤가요? 기업의 자유로운 경제활동을 도와주면 소비자도 이익을 얻으니 좋은가요, 아니면 자유로운 시청권을 방해하니 불편한가요?

물론 시행령에는 시청권 보호를 강화하기 위해 중간광고 허용 원칙과 중간광고라는 사실을 고지하는 자막 크기 규정도 신설했지요. 중간광고 시간과 횟수 기준도 마련해 놓았고요. 자세한 규정은 다음과 같습니다.[9]

- 중간광고는 방송 프로그램의 성격(예: 보도 등 공정성이 요구되는 프로그램)과 주 시청 대상(예: 어린이 주 시청 프로그램)을 고려하여 방송 프로그램의 온전성이 훼손되거나 시청자의 시청 흐름이 방해되지 않아야 하며, 출연자 등으로 인해 중간광고와 방송 프로그램이 혼동되지 않도록 해야 합니다.
- 중간광고 노출 직전 시청자가 중간광고가 시작됨을 확실히 알 수 있도록 명확하게 자막 또는 음성으로 고지해야 합니다. 이때 중간광고가 시작됨을 알리는 문구는 배경화면과 대비되는 색상으로 충분한 시간 동안 화면의 1/32(3.125퍼센트) 이상의 크기로 노출해야 합니다.
- 중간광고 시간은 매회 1분 이내(필러 포함)으로 편성해야 합니다.
- 중간광고는 다음 방송횟수 기준을 준수해야 합니다.

프로그램 시간	45분 이상 60분 미만	60분 이상 90분 미만	90분 이상 120분 미만	120분 이상 150분 미만	150분 이상 180분 미만	180분 이상
횟수	1회 이하	2회 이하	3회 이하	4회 이하	5회 이하	6회 이하

소비자의 역할이 커지고 있다

'프로슈머(prosumer)'란 말 아시나요? '소비자(consumer)'와 '생산자(producer)'를 합친 말이죠. 소비자가 이제 생산자 역할까지 한다는 의미입니다.

이제는 소비자가 단순히 제품을 소비만 하는 게 아니라 제품 생산과 판매, 유통에도 관여하는 일이 많이 생기고 있습니다. 이 사실을 잘 아는 기업에서도 아예 제품을 개발하는 초기부터 소비자의 의견을 적극적으로 반영합니다. 소비자는 왕이라는 말이 있는데, 이제는 제대로 왕으로 대접하는 모습을 보이고 있네요.

소비자가 프로슈머를 넘어 경찰 역할까지 하는 경우도 많습니다. 소비자가 기업의 광고 활동에 적극적으로 참여하여 불매운동을 벌이는 일이 자주 벌어지거든요.

예를 들어, 여러 차례 불매운동을 겪은 식품 회사 A의 이야기는 소비자가 제품뿐 아니라 기업 경영에까지 관심을 보인다는 교훈을 알려주는 사례입니다. 처음에 A 회사는 자사 제품을 취급하는 대리점을 공정하지 않은 방식으로 대하여 한 차례 불매운동을 겪었어요. 이후 이 회사는 자사 제품이 코로나19 감염을 예방하는 데 효과가 있다고 주장해서 제품의 판매가 늘고 주가도 올랐는데, 나중에 해당 연구가 임상시험이나 동물시험을 거치지 않은 것으로 밝혀져 다시 불매운동을 겪게 됐지요.

소비자들이 아무것도 모른다고 생각하고 기업활동을 하면 곤란하겠지요? 그 어느 때보다 현대 사회의 소비자는 서로 연결되어 있고, 세계적으로도 소통한다는 점을 잊지 않아야 합니다. 또 소비자는 기업끼리 경쟁을 하게 하여 제품을 개량하고 더 좋은 제품을 지속적으로 개발할 수 있게 합니다. 기업은 광고를 하기에 앞서 소비자의 이 같은 역할을 상기해야 할 것입니다.

🔍 **토론해 봅시다**

1. 지나치게 과장하는 것 같다는 느낌이 드는 광고가 있었나요? 친구들과 이야기해 봅시다.
2. 특정 기업 제품의 불매운동에 동참한 적이 있나요? 친구들과 경험을 나눠봅시다.
3. 광고를 열심히 만들었지만 윤리적이지 않은 부분이 있다는 소비자의 지적을 받았다면 기업은 어떻게 대응할지 이야기해 봅시다.

2

윤리적 기업이
윤리적 광고보다 먼저!

앞에서 광고가 윤리적이어야 한다는 것을 알게 되었나요? 그런데 그
것보다 더 중요한 것이 있어요. 광고가 윤리적이기 이전에 기업과 기업이
만들어내는 제품이나 서비스 자체가 먼저 윤리적이어야 한다는 점이죠.
기업의 목표는 사업을 통해 이윤을 얻는 것이지만, 부당한 이익을 얻어
서는 곤란합니다. 개인과 개인 사이에서도 도덕과 윤리가 중요한 것처럼
기업 활동에서도 가장 중요하게 생각해야 할 가치가 바로 윤리적 기준
이거든요.

기업이 규모가 커지면 어느 순간 잠깐의 부주의와 판단 착오로 돌이
킬 수 없는 실수를 하곤 합니다. 자사의 제품을 판매해 주는 대리점을
압박하여 잘 팔리지 않는 재고 제품을 강매하거나 제품 제조원가를 줄
이기 위하여 질 낮은 원료를 쓰기도 하지요. 제품이 잘 팔리면 가격을

슬쩍 올리거나 일부러 제품을 창고에 재어두고 수급을 조절하기도 합니다. 잘 팔리지 않는 제품을 잘 팔리는 제품에 끼워 팔거나 환경 폐기물을 몰래 버리는 경우도 있죠.

마케팅 역사에서 유명한 비윤리적 기업들의 행위 사례를 몇 가지 소개하겠습니다.[10]

☆ 제약 회사 A의 수난시대

1982년 미국 시카고에서 연쇄 사망 사건이 발생했어요. 글로벌 제약 회사 A의 진통제를 먹은 일곱 명의 사람들이 죽은 것이지요. 사망자들이 먹은 진통제에는 독극물 청산가리가 들어 있었어요. A는 바로 제품 리콜에 들어갔지요. 사망자가 발생한 곳은 시카고 지역이었지만, 1억 달러를 들여 미국 전역에서 3,000만 병의 진통제를 리콜했어요.

조사 결과 진통제 제조상의 문제가 아닌 것으로 밝혀졌습니다. 청산가리가 든 제품은 서로 다른 두 공장에서 생산된 것이었어요. 서로 다른 공장에서 동시에 제품에 독극물을 넣을 수는 없었을 것이므로 제조 과정에는 문제가 없었다는 결론이 나왔어요. 누군가 슈퍼마켓이나 약국에서 해당 진통제를 사서 독극물을 주입한 후 다시 갖다 놓았을 것이라고 판단한 것이지요. 시카고 외의 다른 지역에서는 사망자가 나오지 않았거든요. 이후, 범인은 슈퍼마켓과 약국에 진열된 해당 진통제에 독극물을 주입한 것으로 밝혀졌어요.

이 사건을 계기로 A 회사는 진통제의 포장을 삼중으로 바꾸었습니다. 누군가 제품의 포장을 뜯으면 표시가 나도록 뜯는 부분을 잘 접착했고, 통의 덮개를 플라스틱으로 한 번 더 봉인한 뒤, 안쪽의 포일을 뜯어야 약을 꺼낼 수 있게 만들었어요. 또 "안전 포장이 벗겨져 있으면 사용하지 마십시오"란 문구를 적어 넣었지요.

A 회사는 자사의 책임이 없었지만, 발생한 문제를 해결하기 위해 제품을 전량 리콜하고 더 안전한 제품 포장을 개발하여 적극적으로 대응한 것입니다. 덕분에 37퍼센트에서 7퍼센트로 떨어졌던 해당 진통제의 시장점유율은 사건 6개월 만에 30퍼센트까지 회복되었죠.

그런데 1989년에 다시 사고가 생겼어요. 문제가 되었던 진통제의 과다 복용으로 인한 사망 사고가 발생한 것입니다. 이 진통제의 주 성분인 아세트아미노펜 때문에 간이 손상되었고 그래서 그동안 수백 건의 사망 사고가 생겼다는 주장이 나왔어요. 피해자들은 제품 설명서에 과다 복용에 대한 주의를 더 명확하게 표시해야 했다며 소송을 제기했고, A 회사는 패소했지요. A 회사는 광고에서 해당 진통제를 적당량 복용한다면 안전하다고 설명했다고 주장했어요.

A 회사는 2009년에도 어린이용 진통제가 박테리아 오염이 우려된다는 논란 때문에 제품 리콜을 했죠. 또 2010년에도 저장 장치 오염으로 곰팡이 냄새가 나고 구토, 설사 등을 유발하는 일부 제품으로 인해 또 한 번 리콜을 했어요. A 회사는 오염된 제품에 대한 문제를 알고 있었는데도 FDA 조사가 시작된 후에야 리콜을 했다는 지적을 받았지요.

기업이 아무리 완벽한 제조공정을 거쳐도 제품에 문제가 생기는 일이 가끔 발생합니다. 캔 제품 속에 불순물이 들어가거나 멀쩡한 자동차가 급발진을 하지요.

핵심은 그런 위기에 어떻게 대응하는가에 있어요. 대부분의 기업은 평소에 위기관리 매뉴얼을 만들어두고 예상치 못한 사건이 생겼을 때 정해진 절차와 순서대로 대응합니다. 그런데 실수와 문제를 빨리 무마해 보려고 윤리적 기준을 벗어나는 판단을 하면 부작용이 일파만파로 퍼져 돌이킬 수 없게 된답니다.

☆ 가전제품 기업 B의 발빠른 대응

2006년, 독일 가전제품 기업 B에 대한 검찰과 경찰의 압수수색이 벌어졌어요. 이 회사는 5,000억 원이 넘는 비자금을 확보하여 각국의 공무원과 정치인들에게 뇌물로 제공했다는 사실이 밝혀졌지요. B 기업은 3조 원의 벌금과 합의금을 지급했어요. 사건의 여파는 거기서 끝난 것이 아니었습니다. 국민기업이라 불리던 B가 하루아침에 국민의 신뢰를 잃어버리게 된 것이지요.

B 기업에서는 윤리 경영을 위한 대대적인 개혁이 시작됐어요. 경영진을 교체하고 세계 각국 지사의 감사조직을 독일 본사로 옮기고 준법감시인을 600명으로 늘렸어요. 준법감시인에게 교육을 받은 관리자가 직원들에게 준법 교육을 진행하기로 했지요. '뇌물 없는 기업'으로 다시 태어난 B 기업은 부패 스캔들을 숨기지 않고 교육에 활용하여 효과를 보고 있어요.

☆ 분유 샘플 나눠줬다 고소 당한 식품 회사

스위스 식품 회사 C는 1970년대 선진국의 신생아 출산율이 떨어지자 개발도상국에 분유를 팔기로 했어요. C 회사는 무료 샘플을 나누어주며 모유 수유는 불편하고 아기에게 에이즈를 전염시킬 수 있다면서 분유를 먹이라고 했지요.

분유 샘플을 받은 개발도상국의 엄마들은 아기에게 분유를 먹이기 시작했는데, 소독하지 않은 젖병에 오염된 물과 분유를 섞어 먹이거나 분유값을 아끼기 위해 묽게 탄 분유를 먹이기도 했어요. 그러자 수천 명의 아기들이 설사나 전염병, 영양실조로 죽어갔지요. 한 자선단체가 '유아 살인자'라는 제목의 소책자에서 그런 실태를 고발했어요.

C 회사는 해당 자선단체를 명예훼손으로 고소하여 이겼지만, 사람들은 불매운동을 벌였습니다. 결국 C 회사는 모유 대용 식품 마케팅에 대한 WHO 규정을 따르기로 결정했고, 1982년에는 전문가 열 명으로 구성된 'C 회사 이유식감사위원회'를 만들었어요.

☆ 영국과 미국 은행의 비윤리적 행위

영국의 D 은행 경영자들은 직원들이 실적을 높이기 위해 투기에 가까운 거래를 하는데 그냥 놔두었어요. 전문가들이 위험하다는 경고도 했지만, 실적이 오르기만 한다면 약간의 비윤리적 행위는 덮어두어도 괜찮다고 생각한 것이지요. 결국 이로 인해 막대한 손실을 입은 D 은행은 파산했어요.

미국의 E 은행 최고경영자는 간부들에게 공격적 대출로 매출 실적을 올리라고 지시했어요. 그러자 은행 간부들은 위험한 줄 알면서도 불건전 대출을 마구 내주었고 E 은행은 결국 파산했지요.

☆ 차의 결함을 모른 체한 미국 자동차 회사

미국 자동차 회사 F는 자사 차 모델의 결함을 알고 있었어요. 다른 차가 뒤에서 추돌하면 연료가 새서 화재가 날 수 있다는 것이었죠. 그러나 리콜을 하면 비용이 너무 많이 든다는 이유로 안전조치를 취하지 않았고, 결국 1억 3,000만 달러를 배상했지요.

☆ 금연 광고에 아기라니

2010년, 러시아에서는 아기를 출연시킨 금연 광고로 논란이 있었어요. 수도 모스크바 시내에 등장한 금연 광고가 시민들에게 커다란 충격을 주었는데요. 대형 옥외 광고에 기저귀를 찬 채 엎드려 있는 아기의 등에 담배꽁초를 버린 모습이 나왔거든. 마치 아기의 등을 재떨이로 쓴 것처럼 보였지요. 아기 재떨이 이미지 위에 '아기 앞에서의 흡연은 큰 고문이나 다름없습니다. 당신은 상관없습니까?'라는 헤드라인 한 줄이 올라가 있어요. 모스크바 시민들은 광고 이미지가 끔찍하고 아기의 인권이 무시됐으며 윤리적 기준을 넘어섰다고 비난했지요. 결국 광고 회사는 광고물을 내리고 말았어요.

광고의 의도는 그럴 듯하지만, 대중이 편안하게 받아들일 수는 없는 표현이 문제가 된 것입니다. 공익광고 중에서도 금연 광고는 아이디어 내기가 어려워요. 이 사례와 같은 금연 광고의 경우, 흡연의 위험성을 강조하다 보면 망가진 폐의 이미지나 영정 사진 같은 부정적인 이미지가 떠오르거든요. 이 광고에서는 아기를 재떨이 취급한 발상이 윤리 기준을 넘은 것이지요.

📝 **토론해 봅시다**

1. 만일 윤리적이지 않은 기업이 윤리적인 척하는 광고를 만들었다면, 소비자 입장에서 어떻게 대응할지 이야기해 봅시다.

2. 만일 윤리적인 척하는 광고를 만들어 소비자의 지적을 받는다면, 기업 입장에서 어떻게 대응할지 이야기해 봅시다.

3. 여러분이 광고 담당자인데 상급자가 윤리적이지 않은 광고를 만들라고 한다면, 어떻게 대응할지 이야기해 봅시다.

3

광고는 얼마나 진실해야 하나?

기업은 매출을 높이기 위해 광고를 합니다. 그러나 매출을 높인다는 목적에만 빠져들어 가끔 진실하지 못한 모습을 보이는 광고도 있습니다. 언론도 마찬가지입니다. 인터넷 기반의 매체가 주력 매체로 되어 이제는 가짜 뉴스도 진짜 뉴스의 모습으로 우리를 찾아오지요.

내용도 문제이지만 디자인 형식도 전통과 권위가 있는 주요 언론사의 뉴스처럼 보이게 만들어 구분을 어렵게 합니다. 어느 정치가가 하지도 않은 말을 보도한다거나 착한 유명 연예인이 못된 짓을 했다는 식의 출처를 알 수 없는 정보가 떠다닙니다. 게다가 전후좌우의 맥락을 무시하고 연사의 발언 중 한 구절만 인용 보도하여 나쁜 사람으로 만드는 일도 많지요. 사람들이 그 보도를 보고 융단폭격하듯이 너도나도 댓글을 달아 여론이 엉뚱한 방향으로 가는 일도 비일비재합니다.

올바른 윤리 의식을 갖는 일은 어렵지 않습니다. 우리 모두 이미 학교나 가정에서 배웠으니까요. 하지만 머리로는 모두 알고 있으면서도 행동에서 실수를 저지르곤 하지요. 살아가면서 중요한 결정을 내려야 하는 순간에 '이 정도면 괜찮겠지?' 하며 자신에게 유리한 쪽으로 결정해서 윤리에 벗어나는 일을 종종 보게 됩니다.

미국의 작가 로버트 풀검의 『내가 정말 알아야 할 모든 것은 유치원에서 배웠다』란 책에는 인생의 기본적인 윤리 기준이 나옵니다. 사소하지만 중요한 기준인데, 너무나 쉬워서 무시하며 살게 되는 수가 많지요. 몇 가지 떠올려 볼까요?

"무엇이든 나누어 가지라. 공정하게 행동하라. 남을 때리지 말라. 사용한 물건은 제자리에 놓아라. 자신이 어지럽힌 것은 스스로 치우라. 자기 것이 아니면 가져가지 말라. 다른 사람을 아프게 했다면 미안하다고 말하라. 음식을 먹기 전에는 손을 씻어라. 변기를 사용한 뒤에는 물을 내리라. 균형 잡힌 생활을 하라. 매일 공부도 하고 생각도 하고 그림도 그리고 노래도 부르고 춤도 추고 놀기도 하고 일도 하라. 매일 오후에는 낮잠을 자라. 밖에서는 차를 조심하고 옆 사람과 손을 잡고 같이 움직이라."

☆ 아는 것을 실천해야 윤리

윤리적인 기준을 지키는 일은 그리 어렵지 않네요. 우리가 이미 머릿속으로 알고 있는 것들을 실제로 실천하면 되니까요. 저도 이 책을 다시 읽어보면서 잊어버리고 있던 작은 일부터 하나하나 실행해 나가야겠다고 다짐했어요. 물론 책의 내용을 반박하는 사람도 있을 겁니다. 그것을 종교의 교리나 도덕 교과서처럼 생각할 필요는 없습니다. 여러분이 생각하는 윤리적 기준을 세워두고, 살면서 중요한 결정을 내려야 할 순간마다 거기에 맞추어 판단하는 것이 좋겠지요.

『정의란 무엇인가』란 책으로 유명한 하버드대학의 마이클 샌델 교수가 2010년 한국에 강연을 하러 온 적이 있어요. 저도 고등학생 딸과 함께 강연을 들으러 갔지요.

그는 '시민으로서의 자유'에 대해 이렇게 말했어요. "가장 높은 차원의 자유는 '소비자로서의 자유'가 아니라 '시민적 자유'입니다. 시장주의의 압력은 공동체적 삶을 훼손해 왔습니다. 우리가 지향해야 할 공동체적인 삶은 시민들이 자신의 삶을 결정하는 정치적 의사결정 과정에 적극적으로 자신의 목소리를 내는 삶입니다. 시민적 자유는 이 과정에서 획득됩니다."[11] 정치에 관한 질문의 대답이지만, 경제에도 같은 원리로 자신의 목소리를 내는 일이 중요한 시대입니다.

☆ 소비자에게 감동을 주어야 진정한 마케팅

현대의 마케팅은 질 높은 제품이나 서비스를 소비자에게 소개하고 판매하는 수준을 넘어 소비자에게 감동을 주는 차원으로 변화하고 있지요.

90세가 넘었는데도 여전히 왕성하게 활동하는 마케팅의 거장이 있습니다. 미국 노스웨스턴대학교 켈로그 경영대학원 석좌교수 필립 코틀러 교수지요. 소비자에게 감동을 주는 마케팅을 해야 한다는 말은 그가

『마켓 3.0』이란 책에서 한 이야기입니다. 현대의 마케팅은 기존의 수동적인 마케팅을 넘어 소비자의 영혼을 감동시켜야 한다는 것이지요. 마케팅은 제품을 많이 팔아 기업의 이익을 극대화하거나 고객을 만족시키는 수준을 넘어, 세상에 무언가를 기여하거나 커다란 미션이나 비전처럼 더 나은 세상을 만드는 '가치 주도'를 생각해야 한다는 뜻입니다.

컴퓨터 소프트웨어 프로그램을 수정하고 개선해서 완성한 것을 영어로 '버전(version)'이라 하는데, 새로워질 때마다 뒤에 붙는 번호를 늘려 나가지요. 책도 마찬가지로 내용을 개정할 때마다 개정판을 내는데 그때의 '판(版)'과 같은 뜻입니다. 마케팅의 버전도 1.0에서 시작해서 해를 거듭할수록 진화하고 있네요.

'마케팅 1.0'은 대량 생산을 본격적으로 시작했던 1950년대의 마케팅을 말합니다. 제품의 품질 관리나 합리적인 가격에 초점을 맞춘 마케팅이었죠. 소비자가 제품의 품질만 좋으면 사줄 것이라 생각했거든요. 실제로 제품을 만들기가 무섭게 팔려 나가던 시대라 오늘날과 같은 복잡하고 정교한 마케팅은 굳이 필요하지 않았지요.

1960년대 후반에 들어서자 '마케팅 2.0' 시대가 찾아오는데요. 이제 단순히 제품이 좋다고 이야기해서는 매출이 오르지 않게 됐습니다. 제품 정보를 얻을 네트워크가 발달하고 제품의 품질이 평준화되며 제품 간의 비교가 가능해졌어요. 그래서 경쟁 제품과의 차별화가 필요해졌죠. 그래서 새로운 마케팅 기법인 STP 모델이 등장했어요. S는 시장 세분화(Segmentation), T는 목표시장 설정(Targeting), P는 위상 정립(Positioning)으로, 이 세 가지 작업을 거쳐야 한다는 것입니다. 물론 디지털 시대인 지금까지도 유용하게 쓰고 있는 기법들이죠.

2000년대가 되자 '마케팅 3.0' 시대가 왔어요. 컴퓨터와 휴대폰, 인터넷, 오픈 소스 등의 등장으로 협력형 소셜 미디어가 마케팅에 혁신을 가져왔죠. 디지털 기술의 발달로 기업과 소비자의 상호작용도 활발해졌고 본격적인 소비자 지향적 마케팅이 시작되었습니다. 품질을 넘어서 사람들의 영혼과 세상에 대한 보다 높아진 가치 이야기를 나눌 필요가 생긴 것입니다.

☆ 소비자가 원하는 가치를 중시해야

소비자가 원하는 가치에 초점을 맞추고 소비자가 기업활동에 더 많이 참여하게 유도하거나 소비자와 기업이 상호작용해 새로운 가치를 창출하는 '가치 중심'의 마케팅이 핵심이죠. 예를 들어, 제품만 만들어 파는 것이 아니라 환경에 대해 신경 쓰고 있다고 말하는 기업은 소비자에게 새로운 가치를 전하는 것입니다. 그래서 소비자들은 그런 기업에 호감을 갖게 되고, 그 기업의 제품이나 서비스를 더 많이 구매하게 된다는 논리이지요. 어차피 살 제품이라면 지구 환경에 도움이 되는 기업의 제품을 사려고 할 테니까요.

2017년에 필립 코틀러 교수는 『필립 코틀러의 마켓 4.0』을 출간했어요. 이 책에서는 하이테크(high tech)와 하이터치(high touch)를 결합하는 마케팅을 논합니다. 디지털 기술에 인간적 감성을 결합해서 온-오프라인 통합 마케팅을 하는 시대라는 것이지요.

마케팅이 버전 4.0까지 진화한 배경은 무엇일까요? 가장 중요한 것은

'연결성'입니다. 기업이 가지고 있던 힘이 인터넷을 통해 '연결된 소비자들(connected customers)'에게 이동해 가고 있기 때문이죠. 그 결과 청소년, 여성, 네티즌이 주요 소비자가 되었습니다. 세계 최대 온라인 서점이었던 아마존은 오프라인 서점을 닫게 하고 출판업계 전체를 바꾸어놓았어요. 동영상 스트리밍 서비스 넷플릭스는 오프라인 비디오 대여점이 사라지게 했을 뿐 아니라 영화산업과 TV 방송국을 뒤흔들었지요. 음원 스트리밍 서비스 스포티파이와 애플 뮤직은 음악의 유통 방식 자체를 바꾸어버렸고요.

마케팅 1.0은 제품 위주의 마케팅, 마케팅 2.0은 소비자 중심의 마케팅, 마케팅 3.0은 인간 중심의 마케팅이었다면, 마케팅 4.0은 온-오프라인 통합 마케팅이라 요약할 수 있겠네요.

모든 것이 너무도 투명해진 현대는 거짓말을 하면 바로 드러납니다. 실시간으로 서울에서 제주도까지 퍼지는 정도가 아니라 파푸아뉴기니까지 전파되지요. 기업의 마케팅 활동도 마찬가지입니다. 우리 기업들도 전 세계를 무대로 하는 글로벌 기업이 되기 위해서는 필립 코틀러 교수의 가르침대로 '가치 중심'의 마케팅을 해야 합니다. 소비자와 기업이 상호작용을 통해 새로운 가치를 창출하는 시대이지요.

🔍 토론해 봅시다

1. 올바른 윤리 의식을 갖는 일은 어렵지 않습니다. 우리 모두 이미 학교나 가정에서 배웠으니까요. 생활 속에서 지키고 있는 윤리를 세 가지 골라 이야기해 봅시다.
2. 윤리적인 광고의 조건에 대해 이야기해 봅시다.
3. 현대의 마케팅은 소비자에게 도움이 될 제품 정보를 제공하는 것을 넘어 감동을 주어야 한다고 합니다. 이를 위해서 어떻게 해야 할지 이야기해 봅시다.

4
CSR과 ESG,
윤리 마케팅의 중요성

☆ 기업의 경쟁력을 결정하는 열쇠

대학교의 전공과목은 크게 두 가지로 나뉩니다. 전공필수과목이 있고, 전공선택과목이 있지요. 필수과목은 말 그대로 졸업할 때까지 반드시 수강을 해야 하고, 선택과목은 골라서 수강하는 과목입니다.

마케팅과 광고에서의 윤리는 필수일까요, 선택일까요? 당연히 필수이지요. 마케팅은 정직해야 합니다. 당장 제품이나 서비스의 매출이 오르지 않아도 정직하고 투명하게 마케팅해야 소비자가 오래오래 믿고 선택하니까요. 사업을 잠깐 하고 그만둘 것이 아니라면 기업의 경쟁력을 높여야 하는데 그 비결이 바로 신뢰이거든요. 그래서 세계의 기업들은 CSR 활동을 합니다.

✩ CSR 활동이 무엇인가요?

'CSR(Corporate Social Responsibility)'은 기업의 사회적 책임이란 뜻이에요. 기업이 생산과 영업 활동을 위한 경영을 주로 하지만, 동시에 환경 경영, 윤리 경영, 사회 공헌도 해서 사회 전체에 이익을 주기 위해 활동하는 것을 말하죠.

취약계층에 일자리를 제공하거나 정기적으로 후원을 하는 등 기업 수익의 일부를 사회적 목적으로 사용하는 활동이 가장 보편적이에요. 물론 수익을 제대로 내지 못해서 나누어줄 여건이 되지 않는 기업은 할 수 없는 활동이지만 기업이 성장할수록 경제적 책임을 넘어 윤리적 책임, 자선적 책임을 다하는 것이지요. CSR 활동으로 기업의 이미지가 지속적으로 좋아지고 그런 이미지가 제품이나 서비스의 매출로 이어지는 데는 시간이 오래 걸리죠. 하지만 세계 각국의 기업들은 이 활동을 이미 당연하다고 생각하는 추세입니다.

대한무역투자진흥공사(KOTRA)의 해외시장 뉴스에 따르면, 미국의 경우, 소비자들이 기업의 사회적 책임에 대해 높은 관심을 가지고 있어요.[12] 특히 MZ세대는 기업의 사회적 책임과 본인의 소비를 연계해서 생각한다고 하네요. 2020년 Z세대 소비자 중 89퍼센트는 제품을 구매할 때 기업이 사회 환경 이슈에 동참했는지를 보고, 65퍼센트는 구매할 때 기업의 CSR 노력을 고려한다고 응답했어요. 밀레니얼 세대는 자신이 추구하는 가치에 맞는 제품을 구매할 비율은 87퍼센트, 자신의 가치와 다른 기업의 제품을 구매하지 않을 의사의 비율은 76퍼센트라 대답했고요. 아울러 그 젊은 소비자들은 기업이 실수를 했더라도 그동안 사회적 책임 활동 노력을 지속적으로 기울여왔다면 용서할 수도 있다는 인식을 갖고 있었어요.

CSR 활동은 기업만 하는 것이 아니랍니다. 미국 정부는 코로나19로 어려워진 국민을 위해 정부 차원에서 CSR 활동을 했어요. 연방정부에서는 2020년에 '코로나19바이러스 손실지원과 구제 및 경제 보장법'을 제정해서 기업의 CSR 활동을 장려했답니다. 이전에는 기업이 CSR 활동을 할 때 과세 수입의 최대 10퍼센트까지 세금을 감면해 주었는데, 25퍼센트까지 감면해 준다고 하네요. 개인이 기부하면 기부금액 1달러당 30센트의 세금을 감면해 주고요. LA시 지방정부도 'LA 코로나19 위기 비상기금' 제도를 만들어 기업의 기부금을 시민 복지를 위해 사용했어요. 해고 노동자들에게 재정적 지원을 하거나 노숙자와 청소년들에게 의료 혜택을 제공했지요.

코로나19로 인한 위기를 맞아 미국의 대기업도 CSR 활동을 열심히 했습니다. 아마존은 회사 근처의 어려워진 중소기업을 위해 500만 달러 구호기금을 지급한다고 발표했고, 구글도 캘리포니아주 마운틴뷰에 있는 기업에 100만 달러를 지원한다고 약속했어요.

중국에서도 CSR 활동이 활발하게 진행 중입니다. 2020년에 중앙정부가 기업의 경제·법률·도덕 및 사회적 책임의 중요성을 강조하는 좌담회를 가졌어요. 선전시와 상하이시 등의 지방정부도 CSR 이행에 관련된 촉진 정책을 발표하고 적극 시행 중입니다.

유럽연합(EU) 정부는 CSR 법제화에 앞장서고 있고, 국민들도 기업의 환경 정책에 주목하는 경향을 보입니다. 유럽연합 소비자의 55퍼센트가 환경친화적 제품을 구매하기 위해 더 많은 비용을 지불할 의사가 있다고 합니다. 2020 글로벌지속가능경영 100대 기업 중 49개 사가 유럽연합 기업입니다. 기업들은 CSR 활동이 기업경쟁력 강화에 도움이 된다고 생각하지요.

그밖에도 베트남, 인도 등에서도 기업이 주도하여 CSR에 대한 인식과 활동을 확산시키고 있어요.

✧ ESG 경영은 무엇인가요?

최근에는 'ESG(Environmental, Social and corporate Governance)'란 용어가 등장해서 기업들이 여기에 노력을 기울이고 있어요. 이는 환경, 사회, 지배구조를 말하는데, 기업에 대한 투자의 지속 가능성과 사회에 미치는 영향을 측정하는 세 가지 핵심 요소를 말합니다. 기업을 기존의 재무적인 요소 외에 환경, 사회, 지배구조라는 세 가지 요소를 기준으로 보는 것이죠. 기업이 환경과 사회에 대한 책임을 위해 얼마나 노력하는지와 기업을 얼마나 투명하게 경영하는지 평가하는 개념이에요.

ESG는 CSR과 비슷한데, 조금 더 발전된 개념이죠. CSR이 기업 수익의 일부를 사회에 돌려주는 활동이라면, ESG는 사회적 활동뿐 아니라 지구를 지키기 위한 환경적인 노력과 기업의 의사결정이 투명하게 이루어지는지까지 평가하는 고급 윤리 기준입니다.

이런 윤리 기준을 설정하는 일도 중요하지만, 소비자는 기업이 실제로는 CSR이나 ESG 활동을 하지 않으면서 광고나 홍보를 통해 위장하는지도 감시해야 합니다. 예를 들어, 사회책임경영보고서에는 채용할 때

나이 제한을 하지 않겠다고 해놓고, 나이 많은 구직자는 서류 전형에서부터 탈락시키는 경우도 있거든요.

또, 그린워싱(Greenwashing)이란 말도 있는데요. 기업이 실제로는 환경에 좋지 않은 제품을 생산하면서도 광고 등을 통해 친환경적인 이미지를 내세우는 것을 말합니다. 진짜로 가장한 가짜 친환경 제품을 만들며 거짓말을 하는 것이지요. 현명한 소비자라면 어느 기업이 윤리 의식을 갖고 제품이나 서비스를 만드는지 구분할 수 있어야 하겠지요?

☆ 윤리 경영에 따라 좌우되는 기업의 이미지

기업이 윤리 기준을 잘 지켜서 경영활동을 하면 당장은 결실을 보기 어렵지만 지속 가능한 성장을 할 수 있습니다. 반면에 윤리를 무시한 경영을 하면 단기적으로는 성장하는 듯 보여도 그 성장을 지속하기가 어렵습니다. 실패한 사례가 많이 있지요.

스포츠 브랜드 A는 한때 윤리 경영에 실패했다가 부단한 노력 끝에 회복에 성공했습니다. 동아시아에서 신발과 의류를 생산하기 위해 노동자를 학대한 혐의를 받았지요. 이 기업은 초기에 한국과 대만 공장에서 제품을 만들었는데, 인건비가 오르자 원가를 낮추려고 동아시아 국가의 공장에 외주를 주었어요. 그런데 1996년, 미국의 잡지 《라이프》가 아동 노동 착취에 대한 보도를 했지요. 일당 60센트를 받으며 축구공을 바늘로 꿰매는 열두 살짜리 파키스탄 소년의 사진을 담은 기사를 실었죠. 해당 기업은 그런 주장을 부인했어요. 본사에서 시킨 것이 아니라 하청 업체에서 시킨 것이라고 변명을 했지요. 조사 결과 그것은 곧 거짓 말로 드러났고, 소비자의 항의가 빗발쳤습니다.

《라이프》에 해당 사진이 실린 다음 해인 1997년, A 브랜드는 창사 이 래 처음 적자를 기록하고 그다음 해에 기업의 윤리강령을 대폭 수정했 어요. 최장 노동시간을 주당 60시간으로 제한했고, 14세 이하 노동자는 고용하지 않기로 한 것이죠. 10년의 노력 끝에 이 기업은 다시 윤리적인 기업이 됐습니다. 물론 아직도 지구 곳곳에서는 여전히 부당한 노동 조 건, 환경문제 등이 계속 거론되고 있습니다. 1996년과 같은 실수를 다시 재연하느냐, 계속해서 전 세계 소비자들의 충성도 높은 브랜드가 되느 냐는 A 브랜드의 선택에 달려 있지요.

패스트푸드를 만드는 B 기업은 지구촌 곳곳의 소비자들에게 사랑받 는 브랜드입니다. 이 기업의 제품은 패스트푸드라서 빠르고 싸게 먹을 수 있어 좋지만, 동시에 정크 푸드(junk food)란 이미지도 떠올라 먹으면 서도 약간 마음에 걸리죠. 그래서 B 기업은 그런 이미지를 개선하기 위 해 CSR 활동에 비용을 많이 들였어요. 2007년에는 미국에서 소아비만 과 B 기업이 연관이 있다는 사회적 주장이 나왔어요. 그래서 음식의 칼 로리를 낮추는 노력을 했지요. 아이들이 즐겨 먹는 해피밀에 채소를 추 가하고, 탄산음료를 우유로 바꿀 수 있게 했어요. '아동비만 퇴치' 캠페 인도 집행했는데 별로 효과는 없었어요. 칼로리를 낮춘다는 정도의 노 력으로는 패스트푸드의 태생적인 문제를 극복할 수는 없었던 것이지요.

세계적인 담배 회사 C 역시 담배에 대한 부정적인 이미지를 지우기 위해 '청소년 금연 캠페인'을 벌였지만 실패했어요. 어차피 담배를 팔 것 이면서 그런 캠페인을 해봐야 진정성이 없다고 생각한 것이지요. 담배 회사니까 담배를 판다는 사실을 있는 그대로 인정하고 아이디어를 내기 시작해야 진정성 있는 캠페인을 할 수 있겠지요? 물론 쉽지는 않아 보입니다만.

장난감 블록 회사 레고는 자사 홈페이지에 2025년까지 일회용 플라스틱을 단계적으로 줄여 나가겠다고 선언했어요. 장난감 회사로는 유일하게 세계자연기금(WWF)의 파트너로 선정되기도 했지요.

코카콜라는 2007년부터 원료로 사용한 물의 100퍼센트를 돌려주는 '물 환원 프로젝트'를 진행했어요. 신발 한 켤레를 판매하면 한 켤레를 기부하는 탐스 슈즈 아시나요? 좋은 의도였지만 개발도상국에 무료 신발을 제공하면 지역의 생산 기반을 망가뜨린다는 지적을 받고, 수익의 3분의 1을 기부하는 방식으로 바꾸었지요.

최근 현대자동차가 인수한 미국의 로봇 전문업체 보스턴 다이내믹스는 로봇 개 '스팟(Spot)'을 소개했지요. BTS의 노래에 맞춰 춤을 추거나 진짜 개처럼 네 발로 자유롭게 걸어다니는 모습을 보여주었어요. 기업에서는 "언젠가는 사람들이 스마트폰을 들고 다니듯 스팟을 데리고 다니게 될 것"이라고 설명했는데요. 사람들은 신기해하면서도 무서운 느낌을 받았어요. 인공지능이 사람보다 훨씬 똑똑하게 진화해서 사람을 지배하는 날이 올까 봐 걱정한 것이지요. 인공지능 로봇 개는 사료도 먹지 않고 예방 접종도 필요 없으니 관리는 편하지만, 주인을 물어 죽인 개처럼 언제 돌변할지 모르니까요. 기업은 로봇 개가 신기함을 넘어 소비자가 두려움 없이 진짜 애완동물처럼 느끼게 만들어야 하는 숙제를 받았네요.

스위스 가방 브랜드 '프라이탁(Freitag)'은 똑같은 디자인이 하나도 없는 것으로 유명하지요. 트럭의 화물을 덮는 방수천을 재활용해서 만들기 때문이에요. 오래 사용한 방수천의 색깔이 군데군데 다 다르고, 긁히거나 무언가에 눌린 자국도 남아 있어요. 세상에 하나밖에 없는 디자인의 가방이라 인기가 있는 것이죠.

재활용 소재로 만들었는데도 가격이 비싸지만 사랑받는 데는 한 가지 이유가 더 있어요. 가방을 들고 다니는 사람의 취향을 보여주는 상징이 되었기 때문이죠. '나는 말로는 하지 않지만, 멋도 알고 환경도 보호할 줄 아는 현명한 소비자다'라는 분위기를 드러낼 수 있는 것입니다. 우리나라에서도 현수막을 재활용한 옷을 만들었더니 해외 유명 연예인들이 재미있어하며 입는 모습이 소개되기도 했지요. 읽을 수 없는 한글이 적혀 있지만, 환경보호에 앞장서는 의식 있는 연예인이라는 인상을 줄

수 있으니까요.

윤리 마케팅을 하는 기업은 점차 늘고 있어요. 특히 글로벌 패션업계는 MZ세대가 선호하는 윤리적 소비에 맞춘 다양한 마케팅을 하고 있는데요. 생태 지속 가능성을 적용한 컬렉션과 동물 복지를 위한 비건 패션을 실현하는 브랜드를 선보입니다. 그러면 신념 있는 소비를 하고자 하는 소비자들이 적극적으로 구매하게 되거든요.

크라우드펀딩(crowdfunding)도 늘어나고 있어요. 크라우드펀딩이란 소셜 네트워크 서비스를 이용해 소규모 후원을 받거나 투자 목적으로 인터넷을 통해 개인들로부터 자금을 모으는 것을 말하지요. 투자받은 금액은 성공한 후에 돌려줍니다. 자신의 신념이나 가치관에 맞는 스타트업이나 브랜드를 스스로 찾아가는 MZ세대들 덕분이죠.

📋 **토론해 봅시다**

1. 여러분은 친환경 제품을 선호하나요? 최근에 산 물건과 연관 지어서 친구들과 이야기해 봅시다.
2. 기업들이 왜 ESG 경영을 해야 하는지 이야기해 봅시다.
3. 그린워싱 사례를 알게 되면 어떻게 해야 할지 이야기해 봅시다.

5
비윤리적인 광고를 걸러내는 법

비윤리적인 광고는 소비자에게 무언가를 보장하거나 약속하지만 결국에는 약속을 지키지 않는 광고입니다. 비윤리적인 광고는 특히 디지털 광고 캠페인에 많은데요. 인터넷은 사실인지 아닌지 검증을 하기도 전에 워낙 빠르게 전파되니까 문제를 일으키는 경우가 많아요. 비윤리적인 디지털 광고의 유형은 대개 다음과 같습니다.

- 제품과 관계없는데 클릭하게 만드는 이미지, 동영상, 제목을 사용한 광고
- 제품의 부작용을 제대로 알리지 않는 광고
- 검증되지 않은 리뷰로 제품을 비난하는 광고
- 제품에 대해 잘못된 정보를 전하는 광고

- '공급 부족' 같은 공포 전술을 사용하는 광고
- 스팸 메시지를 담은 광고

☆ 비윤리적 광고 사례

2019년, 미국의 스포츠 브랜드 A의 운동 회복 잠옷 제품이 소비자를 속이고 있다는 지적을 받았어요. 잠옷에 특수 소재를 사용해서 운동 후에 입으면 근육 회복에 도움이 될 것이라고 광고했거든요. '당신의 몸에서 나오는 에너지가 당신의 회복을 도와줍니다'라는 광고 카피를 사용했죠. 조사 결과 제품의 기능을 증명할 과학적 증거가 없다고 밝혀져서 A 기업은 웹사이트에서 광고를 내렸습니다.

화장품 브랜드 B의 광고는 잠깐 봐도 허위 광고임을 알 수 있어요. 화장품 사용 전후를 비교한 사진이 누가 봐도 과장되었다는 것을 알 수 있지요. 게다가 '단 몇 분 만에 주름이 줄어들어요(Less wrinkles in only minutes)'라고 쓴 광고 헤드라인도 심한 과장입니다. 누구나 알 수 있듯 이러한 극적인 변화는 현실 세계에서는 절대 일어나지 않습니다.

남아프리카에서 시작한 다국적 레스토랑 체인 C는 무료 점심을 제공한다는 프로모션 광고가 허위 광고라고 지적을 받았습니다. 광고에는 월요일부터 금요일까지 매일 오전 11시부터 오후 2시까지 무료로 점심을 제공하겠다고 했지요. 그런데 막상 식당에 가니 250명의 손님에게만 무료로 점심을 제공했어요.

소비자는 "광고 어디에도 인원 제한 이야기가 나와 있지 않다. 오해의 소지가 있고 실망스럽다"고 불만을 제기했어요. 그런데 레스토랑 C는 광고 이미지가 점심 메뉴를 시각적으로 표현했고, 인원 제한 정보는 전체 이용 약관에 대한 링크를 제공했기 때문에 오해의 소지가 없다고 말했습니다. 이용 약관에 하루 최대 250인 분의 점심을 제공할 것이라고 밝혔다는 것이지요.

그러나 심의기관의 판결은 달랐어요. 페이스북 방문자가 광고 이미지를 볼 때 이용 약관 페이지를 클릭할 것으로 기대하는 것은 합리적이지 않다고 했지요. 또 이용 약관이 광고에 명확하게 표시되어야 한다고 했어요. 레스토랑 C는 결국 프로모션을 중단했지만, 이 광고는 한동안 페이스북 페이지에 남아 있었어요.

일반적으로 항공사는 더 많은 관광객을 모으기 위해 저렴한 요금을 제시하지요. 이때 다른 추가 수수료가 있다는 사실을 쏙 빼고 광고를 하기도 합니다. 항공사 D는 그런 식으로 항공요금을 허위 광고한 혐의로 벌금을 냈습니다.

두통약 E의 광고는 주인공 여성이 자신의 몸에서 머리를 분리한 이미지에, '나는 편두통이 너무 심해서 머리를 떼어버리고 싶을 지경이야'라는 헤드라인을 붙여 표현했어요. 그런데 효과가 좋다는 과학적 근거가 부족하고, 광고에 약물의 부작용을 공개하지 않아 미국식품의약국(FDA)으로부터 경고를 받았지요.

스웨덴의 패션 브랜드 F는 한 흑인 소년이 '정글에서 제일 멋진 원숭이(Coolest monkey in the jungle)'라는 문구가 적힌 후드티를 입은 광고를 냈다가 엄청난 비난을 받았어요. 광고 효과를 노리고 재미있게 표현하려 했겠지만, 누가 봐도 모욕적이고 인종차별적이지요. 원숭이라뇨?

영국 웹사이트 아동복 섹션에서 이 사진을 발견한 사람들이 소셜 미디어에 사진을 공유하며 논란이 커졌어요. 어떻게 이런 옷을 입은 사진의 출고가 승인됐는지 의아하다는 반응도 나왔죠. 그런데 더한 것은 백인 소년 모델이 입은 후드티에 적힌 '맹그로브 정글 생존 전문가(Mangrove jungle survival expert)'라는 문구였어요. 소비자들은 두 소년 모델의 사진을 비교하며 왜 문구 내용이 다른지, 모욕적일 것이라는 생각을 안 했는지 이해할 수 없다고 분개했죠.

F 브랜드는 마케팅 실수를 저질렀다고 했지만, 소비자들은 홍보 효과를 노린 나쁜 아이디어라고 했지요. F 브랜드의 홍보대사였던 흑인 가수 위켄드(Weekend)는 브랜드와 모든 관계를 끊고 그 회사와 향후 어떤 작업도 하지 않겠다고 했어요. 결국 F 브랜드는 "이 일로 불쾌감을 느끼신 모든 분께 사과합니다"라고 공식 입장을 밝혔지요.

중국의 세제 회사 G의 세탁세제 광고가 인종차별 논란에 휩싸인 적이 있어요. 흑인 남성을 세탁기에 넣자 중국인 남성이 되어 나오는 장면이 나왔거든요. 세탁실에서 흑인 남성이 중국인 여성에게 휘파람을 불자 그녀가 가까이 오라고 손짓을 합니다. 자기에게 관심이 있는 걸로 생각한 남성이 그녀에게 입을 맞추려 하자 그녀는 사탕 크기의 액체 세제 한 팩을 그의 입에 물리고 세탁기에 밀어 넣습니다. 잠시 후 세탁기 뚜껑을 열자 뽀얀 얼굴색의 중국인 남성이 나옵니다. 세제의 세탁력이 좋아 검은 피부색도 하얗게 세탁해 준다는 아이디어지요.

이 광고는 유튜브에서 며칠 만에 수백만 건의 조회 수를 기록하며 입소문을 타게 되었습니다. 소비자들은 이 광고가 인종차별적이라고 비난했어요. 그러자 G 회사는 "진심으로 사과하고, 인터넷 사용자들과 언론이 이를 너무 많이 공유하지 않기를 진심으로 바랍니다"라고 했습니다. 중국 정부도 중국과 아프리카는 '좋은 형제'이며, 중국은 인종에 관계없이 모든 사람을 존중한다고 발표했어요. 아프리카에 진출해서 대규모로 교역하고 있는 중국은 이것이 민감한 외교 문제로까지 번질까 봐 걱정한 것이지요.

화장품 회사 H의 광고에는 하얀색 가운을 입은 여성 모델의 뒷모습에 '흰색은 순수하다'라는 헤드라인이 한 줄 적혀 있습니다. 논란의 여지가 많은 광고지요? 순간의 실수로 브랜드의 명성을 망가뜨리는 결과를 가져왔네요. 이 광고로 H 회사는 백인 우월주의와 노골적인 인종차별에 대한 엄청난 반발과 비판을 받았어요. 결국 H 회사는 공식 사과를 했고, 회사의 핵심 가치에 다양성과 포괄성에 관한 내용을 넣었지요.

피부색으로 논란을 불러일으킨 또 다른 광고가 있어요. I 회사의 보디워시 광고에서는 흑인 여성이 웃옷을 벗자 갑자기 백인 여성으로 변합니다. I 회사는 흰색으로 무언가 지저분한 것을 덮어 숨기는 '화이트워싱(whitewashing)'을 했다고 비난을 받았을 뿐만 아니라 소셜 미디어에서 소비자들의 큰 분노를 불러일으켰어요. 브랜드는 즉시 사과했지만 성난 소비자들의 반발을 억제하지 못했지요. 많은 소비자들이 이 브랜드를 보이콧하기 위해 소셜 미디어에 'I회사와끝났어' 해시태그를 몇 주 동안 붙이며 항의했어요.

패스트푸드 브랜드 J는 2021년 세계 여성의 날에 논란의 여지가 있는 트윗을 올렸어요. '여자들은 주방에 있어야지(Women belong in the kitchen)'란 헤드라인을 쓴 것이죠. J 회사 마케팅 팀의 누군가는 이 '농담'이 좋은 아이디어라고 생각했겠지요. 관심을 끌기 위해 저렇게 시작했지만, 이어진 트윗에는 반전이 있었거든요. 이 트윗은 J 회사가 실시하기로 한 여성 직원을 위한 요리 장학금 프로그램을 알리는 게시물이었어요. 그 중요한 내용이 뒤에 이어졌지만, 그것을 읽는 데 신경 쓰는 사람은 거의 없었지요. 수천 명의 소비자가 여성혐오와 둔감함을 비난하는 트윗을 올리며 J 회사에 반발했어요. J 회사는 결국 사과하고 전체 트윗을 삭제했죠.

☆ 비윤리적인 광고를 만들지 않으려면

민감한 주제를 다루는 광고는 특히 조심해서 만들고 집행해야 합니다. 소비자는 소비자이기 이전에 나의 가족이기 때문입니다. 광고를 기획하고 만드는 전문가도 전문가 이전에 소비자이지요.

데이비드 오길비의 이 조언 기억하시죠? "소비자는 바보가 아니다. 당신의 부인이다(The consumer isn't a moron. She is your wife.)." 그는 가족에게 보여줄 수 없는 광고는 만들지 말라고도 했죠. 창작자의 욕심이 지나쳐 의도와 달리 비윤리적인 광고를 만들어낼 수도 있으므로 조심해야 한다는 의미입니다.

비윤리적인 광고를 만들지 않기 위한 몇 가지 조언을 소개합니다.

첫째로, 광고에 논란이 될 만한 소재는 사용하지 마세요. 둘째로, 광고에 논란의 여지가 있는 인물은 등장시키지 마세요. 셋째로, 누군가를 소외시키거나 불쾌하게 만들지 마세요. 마지막으로, 의도치 않은 결과가 나오면 광고를 바로 내리고, 빨리 사과하세요.

개인의 창의력이나 재능을 자랑하는 것이 광고가 아닙니다. 무심한 소비자의 관심을 끌기 위해 창의력이 필요하지만, 그것이 진정성을 이길 수는 없답니다.

🔖 토론해 봅시다

1. "소비자는 바보가 아니다. 당신의 부인이다"라는 데이비드 오길비의 말이 무슨 뜻인지 이야기해 봅시다.
2. 허위 광고를 접하게 된다면 소비자로서 어떻게 대응할지 이야기해 봅시다.
3. 광고에서의 양성평등에 관해 이야기해 봅시다.

『카피 캡슐』로 유명한 핼 스테빈스

핼 스테빈스(Hal Stebbins, 1893~1976)는 외과 의사 출신의 전설적인 카피라이터입니다. 미국 LA의 광고 회사 핼 스테빈스(Hal Stebbins Inc.)의 회장이었고, 광고를 위한 최초의 전국 무역 잡지 《프린터스 잉크》의 편집인이었어요.

1957년 후배 광고인들을 위해 《프린터스 잉크》에 기고했던 글을 모아 펴낸 책 『카피 캡슐(Copy Capules)』은 5개 언어로 번역되어 지금까지 읽히고 있지요. 또 『광고의 창의적 정신(The creative spirit in advertising)』, 『말에 관한 말: 카피 철학(Words about words: a copy philosophy)』, 『옥외 광고의 예술(The art of outdoor advertising)』, 『광고 카피의 척추(The backbone of advertising copy)』 등 다수가 저서가 있지요.

핼 스테빈스의 말

그의 주옥같은 조언이 담긴 『카피 캡슐』[13]에서 몇 가지 글을 소개할게요.

"의심스러우면, 버리세요."

"광고의 ABC. 적합하게(Apt). 간결하게(Brief). 명확하게(Clear)."

"'4쌍 중 1쌍의 부부가 이혼한다'라고 말하면 슬프게 들립니다. '4쌍 중 3쌍의 부부는 성공한다'라고 하면 그리 나쁘게 들리지는 않지요. 마찬가지로 '아주머니, 왼발이 오른발보다 크군요'라고 말하는 구두 세일즈맨은 바보입니다. '아주머니, 오른발이 왼발보다 작군요'라고 말하는 세일즈맨은 외교관입니다."

5장

광고인을 꿈꾸는
청소년들에게

1
직업으로서의 광고인

여러분은 광고를 직업으로 삼을 생각을 해본 적이 있나요? 혹시 주위에 광고 일을 하는 사람을 알고 있나요? 광고 일이 어떻다고 하던가요? 힘들지만 재미있다고 하지 않던가요? 네, 맞습니다. 광고는 재미있어요. 무언가를 계속해서 지어내는 일이거든요. 그런데 힘든 일이기도 하죠. 오늘 받은 목표량만큼 실수 없이 만들면 일이 끝나는 정량화된 작업과는 다르답니다. 광고 일은 목표를 달성했다고 끝나는 일이 아니라는 것이지요.

아이디어에는 끝이 없거든요. 모두 괜찮은 아이디어라 해서 웃으며 퇴근했는데, 조금만 더 생각하면 조금 더 좋은 아이디어가 나올 것 같은 느낌이 들지요. 그래서 누가 집에 가지 말라고 한 것도 아닌데 혼자 남아 계속 더 생각하고, 한 번 더 생각합니다. 내가 발표한 아이디어가 모두 좋다고 했지만, 정작 나는 만족할 수 없습니다. 아무리 생각해도 어디엔가 더 좋은 아이디어가 있을 것이라는 생각을 멈출 수가 없지요. 그렇게 새벽까지 아이디어를 더 생각하다가 집에 갑니다. 밤을 지새울 때도 있습니다. 집에 가서 씻고 잠자리에 들었는데도 더 생각하다가 뜬 눈으로 밤을 지새우기도 하지요.

다음 날 아침, 드디어 밤새 생각해 낸 새로운 아이디어를 발표합니다. 그런데 이게 어떻게 된 일일까요? 회의실에 정적이 흐릅니다. 동료와 부장님은 아무 반응이 없네요. 괜히 밤만 지새웠군요. '에잇, 그만두자. 난 틀렸어. 다른 직업을 알아봐야겠어.' 하지만 오기가 있지, 아이디어 한 번 거절당했다고 그만둘 수는 없죠. 점심 식사도 거르고, 가까운 카페로 나가 구석에 앉아 다시 혼자 아이디어를 냅니다.

네, 광고는 힘든 직업 맞습니다. 여러분은 어떠세요? 이쯤 되면 너무 힘들어서 도전해 볼 만한 직업이 아니라는 생각이 드시나요?

🏆 유레카의 순간, 광고 일을 하는 이유

퇴근 시간이 다 되었습니다. 그런데 곰곰이 생각해 봐도 좋은 아이디 어가 떠오르지 않습니다. '또 거절당하겠지'라고 생각하며 회사로 들어 가는 엘리베이터 안에서 갑자기 좋은 생각이 떠오릅니다. 동료들에게 어 제 낸 아이디어보다 더 좋은 아이디어를 찾았다고 말합니다. 오호, 이게

210

어떻게 된 일인가요? 모두 바로 그거라며 칭찬합니다. 광고주에게 제안하니, 광고주도 정말 좋은 아이디어라고 바로 제작에 들어가자고 반겨줍니다.

드디어 그동안 잠도 제대로 자지 못하며 생각했던 아이디어를 팔았습니다. 이런 날은 아무것도 먹지 않아도 배가 부릅니다. 그까짓 잠이야 한 달 정도 못 자도 끄떡없을 것 같은 기분이 듭니다. 그래서 광고 일을 하는 것이죠!

어느 직업에나 같은 순간이 옵니다. 어느 현장에서 어떤 종류의 일을 하더라도 '유레카(eureka)'의 순간을 만날 수 있거든요. 꼭 아르키메데스처럼 목욕을 하다가 만날 수 있는 건 아니지요. 우리는 모두 '그래, 바로 이거야!' 하는 기쁨의 순간 때문에 일합니다. 이 일을 하기를 잘했다는 생각이 드는 순간 일할 동력을 얻죠.

위험해서 가기 싫었지만 눈과 비를 뚫고 음식을 배달해 주었더니 사탕 두 알을 건네주는 어린아이가 기쁨을 줍니다. 쉴 새 없이 일하느라 힘들었지만 망할 지경의 회사를 나의 작은 기획안으로 살려냈다는 말을 듣는 순간 기쁨을 만납니다.

이처럼 힘들어도 광고 일을 하는 이유가 있어요. 좋은 아이디어를 내는 일은 힘들지만, 반드시 기쁨의 순간이 찾아온다는 것을 알고 그것을 즐기기 때문입니다. '그래, 나는 아이디어 천재야. 내가 그럴 줄 알고 있었다고. 그만두긴 왜 그만둬? 난 뼛속까지 광고인이야. 다른 직업을 왜 알아봐?'

🎯 광고는 전망 있는 직업인가?

네, 그렇습니다. 물론 제가 광고학과 교수이고, 광고 일을 하고 있으니 당연히 그렇게 말하겠지요. 하나뿐인 제 딸도 광고 회사에서 일한답니다. 좋지 않으면 제가 권할 리가 없지요. 앞서 소개한 대로, 까다로운 다른 사람들에게 아이디어를 제시해서 인정받는 과정은 쉬운 일이 아닙니다. 하지만 모든 일에 빛과 그림자가 있듯이 심사숙고한 아이디어를 누군가가 인정해 줄 때의 기쁨은 어디에도 비할 수 없답니다. 그런 기쁨의 순간 때문에 계속 아이디어를 내는 것이지요. 자신의 작은 아이디어가 기업을 살리고 세상을 변화시키는 데 도움이 된다는 것은 대단한 기쁨이거든요.

여러분 앞에 가보지 않은 다양한 직업의 길이 기다리고 있지만, 광고 일이야말로 직업으로 선택하면 후회하지 않을 것이라고 생각합니다. 광고 일을 배우면 쓸모가 많아요. 다양한 경험을 쌓을 수 있으니까요. 아기 기저귀부터 자동차, 컴퓨터, 라면, 커피, 화장품 등 광고인이 다루지 않는 품목은 없죠. 세상에 광고를 하지 않아도 되는 제품이나 서비스는 없으니까요.

혼자 쓰려고 좋은 재료를 구해 집에서 정성껏 화장품을 만들었는데, 집에 놀러 온 친구가 써보더니 사겠다고 합니다. 소문이 금방 퍼져서 너도나도 달라고 합니다. 공장을 구해 본격적으로 제조하기 시작하고, 사람들에게 널리 알려야 하니까 광고를 시작합니다. 실제로 그렇게 자기 집 주방에서 만들다가 유명해져서 세계적인 브랜드가 된 화장품이 많아요. 그러니 이왕에 세상에 선을 뵌 제품이나 서비스는 어떤 식으로든 광고를 하게 되는 것이지요.

그렇게 다양한 제품이나 서비스를 광고하다 보면 엄청난 사회적 경험을 쌓게 됩니다. 그래서 광고 일을 하다가 다른 분야로 진출하는 사람도 많답니다. 자신이 담당했던 광고주 기업으로 자리를 옮기는 일도 있습니다. 오랜 시간 동안 그 기업의 제품과 서비스를 담당해 와서 전문가가 되었으니 환영하는 것이지요. 광고 경험을 살려 정부 기관에 들어가기도 하고, 대통령 선거나 국회의원 선거의 전략가 역할도 합니다. 미국 뉴스에서 대통령 옆에 가까이 서 있는 참모들과 기자들 앞에서 답변하는 대변인도 광고 회사나 홍보 회사 출신이 많지요.

또는 자신의 이름을 내걸고 독립 광고 회사를 창업하기도 합니다. 광고 기획자는 기획 회사를, 프로듀서는 감독이 되어 제작 회사를, 디자이너는 디자인 회사를 만들어 활약하기도 하죠. 대학교로 자리를 옮겨서 교수가 되어 후학을 가르치기도 합니다. 옮긴 뒤에도 "역시 광고 일을 했던 사람이 달라"라는 평가를 자주 듣는답니다.

🔍 **토론해 봅시다**

1. 학교 숙제를 할 때나 일상생활 속에서 오래 고민한 끝에 좋은 아이디어를 얻은 기억이 있나요? 어떤 아이디어였는지, 그때 기분은 어땠는지 이야기해 봅시다.
2. 광고인을 꿈꾸는 친구가 있다면 어떤 계기로 광고 일을 좋아하게 됐는지 이야기해 봅시다.
3. 광고인을 꿈꾸는 친구가 있다면 이 챕터에서 광고 일의 장단점 및 전망에 대해 알고 나니 어떤 생각이 드는지 이야기해 봅시다.

2

어떤 사람이 광고인이 될까?

자, 그럼 과연 어떤 능력을 갖추어야 광고인이 될 수 있을까요? 35년 간 동안 제가 광고 일을 하면서 지켜본 광고인들의 특성을 몇 가지 소개 해드릴게요. 바로 이런 사람들이 광고인이 될 확률이 높습니다.

🎯 상상을 좋아하는 사람

우선 엉뚱한 상상을 잘하는 사람입니다. 아인슈타인은 "지식보다 상상력이 중요하다. 지식에는 한계가 있지만, 상상력은 이 세상 전부를 담을 수 있다"라고 했지요. 또 "논리는 당신을 A부터 Z까지 데려다준다. 상상력이 데려다줄 수 있는 곳에는 제한이 없다"고도 했어요. 지식이 중요하지 않다는 말이 아닙니다. 다만, 살다 보면 세상에는 논리정연하게 앞뒤가 딱딱 들어맞지 않는 일들이 생긴다는 뜻입니다.

어떤 과제를 받으면 답이 하나만 있는 것이 아니라는 생각을 해보는 것이지요. '만일 그게 아니라면?'이라고 다른 쪽으로 상상을 해봅니다. 그러면 재미있는 아이디어가 많이 나오거든요.

노벨문학상 수상자인 주제 사라마구의 소설 『눈먼 자들의 도시』는 '만일 세상 사람 모두가 눈이 멀고, 그중 단 한 사람만 볼 수 있다면'이란 상상에서 시작합니다. 운전하다가 갑자기 앞이 보이지 않게 된 회사원이 나오지요. 사람들이 차례로 실명하게 되자 정부는 회사원과 안과 의사, 그들과 접촉한 모든 사람을 폐기된 정신병원에 격리합니다. 안과 의사의 아내는 실명했다고 거짓말을 해서 남편을 따라 정신병원으로 가지요. 이후의 이야기가 어떻게 진행될지 궁금하지 않나요? 상상력은 이처럼 흥미진진한 이야기를 만들어낸답니다.

광고의 스토리텔링 역시 풍부한 상상력이 필수이기 때문에, 광고인이 되려면 평소에 엉뚱한 상상을 자주 해보는 훈련을 하는 것이 좋아요. 광고 아이디어를 낼 때도 두 가지 상상을 해본답니다.

우선 이 제품을 쓰면 얼마나 좋은지를 보여줍니다. 예를 들어, 이번에 새로 나온 노트북은 기존 제품보다 속도가 30퍼센트 빨라져서 좋다고 표현하는 것이지요. 성우가 그런 말을 직접 하면 재미없으니 두 명의 주인공이 게임을 하는 장면을 보여주거나, 동료보다 일을 빨리 마치고 친구를 만나러 가는 회사원을 보여줍니다.

이번에는 비유를 써보지요. 움직임이 보이지 않을 정도로 천천히 기어가는 달팽이를 지나 전동 킥보드를 탄 다른 달팽이가 지나갑니다. 개선된 제품의 성능을 직접적으로 표현하는 것보다 재미있지 않나요?

광고 회사에서는 가끔 광고주와 역할을 바꾸어 '롤 리버설(role reversal)' 시간을 갖습니다. 논리와 상상의 차이를 경험해 보는 시간이지요. 그러니까 늘 광고 회사가 제시하는 아이디어에 대해 비평만 하던 광고주가 역할을 바꾸어 크리에이티브 디렉터 역할을 해보는 거예요. 그래서 광고 아이디어를 개발하고 디자인도 직접 해서 프레젠테이션합니다. 물론 광고를 만들던 크리에이티브 디렉터는 광고주 자리에 앉아 아이디어를 평가하지요. 아이디어 수준이 그 정도밖에 되지 않느냐면서 고성이 오가고, 변명이 이어집니다.

그렇게 입장을 바꾸어 일을 해보면 서로 이해하는 폭이 넓어진답니다. 아이디어의 앞뒤가 맞지 않는다고 논리만 따지던 광고주는 상상력의 중요성을 경험하게 되지요. 반대로 이게 왜 안 되느냐고 엉뚱한 아이디어만 제시하던 크리에이티브 디렉터는 어느 정도 논리를 갖추어야 아이디어를 팔 수 있다는 것을 배우게 됩니다.

🔎 궁금한 것이 많은 사람

광고인은 대충 넘어가지 않습니다. 다음에 무엇이 있을지 계속 물어봅니다. 월트 디즈니는 이런 말을 했어요. "우리는 뒤를 돌아다보지 않습니다. 새로운 문을 열어보고, 새로운 일을 벌이기 위해 앞으로만 갑니다. 우리는 궁금한 게 많고 그 궁금함이 우리를 새로운 길로 이끌어주거든요."

대충 듣고 알게 된 정보로 광고 아이디어를 내면 대충 누구나 아는 아이디어가 됩니다. 광고주에게 FBI요원이 된 기분으로 집요하게 물어봐야 제품이나 서비스에 대한 재미있는 이야기를 찾아낼 수 있어요. 광고할 제품의 특징은 무엇인지, 경쟁 제품은 어떤 것들이 있는지, 경쟁 제품과 비교하면 어떤 점이 뛰어난지, 어떤 연령층이 구매할지, 사용 방법은 어떤지, 광고 예산은 어느 정도인지, 왜 우리 회사에 광고를 맡기는지 등을 취재해야 합니다.

이런 것을 물어보면 실력이 없다고 얕잡아 보지 않을까 걱정하지 말고 가능한 모든 질문을 던져야 하지요. 왜 그래야 할까요? 그 질문들이 곧 소비자의 질문이기도 하고, 그 속에 소비자의 불편함과 문제를 해결해 줄 답이 들어 있기도 하거든요. 현명한 질문 속에 현명한 대답이 들어 있어요. 또 원래 질문이 곧 답이랍니다.

'냉장고의 얼음 만드는 기능이 냉동고 안에 있어 불편해요'라는 소비자 문제가 있다면? 냉장고 외부에 얼음 만드는 기능을 달면 되지요. '숟가락으로 먹자니 포크도 필요하고, 포크로 먹자니 숟가락도 필요해요'가 문제라면 숟가락 끝에 포크를 만들면 되지요. '유튜브 영상을 즐겨 보는데 가로 화면으로 나오고 스마트폰은 세로로 들고 보니까 화면이 작아 보여요. 돌리기는 귀찮아요'가 문제라면 영상을 제작할 때부터 아예 세로 화면으로 촬영하면 되지요. 이렇게 소비자가 불편함을 느끼는 점을 '페인 포인트(pain point)'라고 부릅니다.

중고물품 직거래 서비스인 '당근마켓'은 구매자나 구입자가 같은 동네에 살아야만 거래를 할 수 있게 되어 있지요. '왜 옆 동네 거래는 안 되나?' 하는 불만이 많지만, 회사는 처음부터 줄곧 그 원칙을 지키고 있다고 합니다. 모르는 사람과 직접 만나 거래할 때의 두려움이나 사기를 당할까 걱정하는 마음이 소비자의 페인 포인트임을 알고 있기 때문이죠. 당근마켓은 '사는 사람과 파는 사람 서로가 이웃사촌이니 얼굴을 붉히게 만드는 무리한 가격 깎기도, 고장 난 물건을 팔 걱정도 없다'고 말합니다. 이렇게 소비자의 보이지 않는 페인 포인트를 찾아내서 광고에서 표현하면 금방 소비자의 공감을 얻을 수 있겠죠?

그래서 광고인은 궁금한 것이 있으면 참으면 안 됩니다. 어떤 사소한 지점에서 시장을 바꿀 훌륭한 아이디어가 나올지 모르니까요. 가수 이선희의 〈알고 싶어요〉란 옛날 노래에 이런 가사가 나옵니다. "하루 중에서 내 생각 얼마큼 많이 하나요? 참새처럼 떠들어도 여전히 귀여운가요? 바쁠 때 전화해도 내 목소리 반갑나요? 그대 생각하다 보면 모든 게 궁금해요." 광고인이 되려면 '안물안궁(안 물어보았고 안 궁금하다)'의 자세를 벗어나 모든 것이 '궁금해 죽겠다'는 자세를 가져야 하겠어요.

🎯 남을 웃기기 좋아하는 사람

여러분은 친구들이나 식구들을 자주 웃게 하나요? 우리 주위에는 얼굴이 모두 다른 만큼 성격도 각기 다른 여러 유형의 친구들이 있지요. 누구나 개성을 갖고 있어 서로 다른 것이 재미있지요.

광고인이 되려면 성격이 밝아야 한답니다. 세기말 비운의 주인공처럼 24시간 찡그린 얼굴로 지내는 친구들은 광고인이 되기 어려워요. 잠깐 보면 멋있어 보일 수 있지만 함께 오래 지내기는 어렵지요. 내가 만든 광고를 보고 모르는 사람을 웃게 만들어야 마음을 열 수 있는데, 심각하게 말하면 마음을 열 수 없겠죠. 사실 사람을 웃게 만드는 일은 쉽지 않습니다. 마음을 내려놓고 내가 먼저 바보가 되어야 하니까요. 그래야 공감을 얻을 수 있어요.

똑같이 재미있는 이야기를 들었는데도 친구에게 전하는 순간 김빠진 풍선처럼 재미없게 만드는 친구도 있지요. 사람을 웃기려면 연습이 필요합니다. 내가 말할 때 친구들이 어떤 순간에 반응하는지 기억하세요. 나는 친구들이 말하거나 행동할 때 어떤 순간에 흥미를 느끼는지도 기억하면 좋습니다. 때로 나한테는 재미있는 것이 다른 친구들에게는 썰렁하게 다가가기도 합니다. 그래도 멈추지 말고, 친구들을 웃길 방법을 연구해 보세요.

꼭 말로만 웃음을 줄 수 있는 것은 아닙니다. 재미있는 상황을 만든다거나 재미있는 동작으로 웃음을 이끌어낼 수도 있지요. 웃음을 유발하는 일은 타이밍을 잘 잡는 일입니다.

친구들을 늘 웃게 만드는 친구가 주위에 있다면 광고 일을 권하세요. 사람을 웃게 만드는 것은 특별한 재주거든요. 물론 개그맨이나 코미디언이 되어도 좋지요. 지친 우리들의 마음을 편안하게 해주니까요.

남을 웃기려면 재미있는 이야기를 자주 하게 되는데, 늘 진지하게 살아가는 친구들에게는 가벼운 친구라는 평가를 들을 수도 있어요. 그래도 쓸데없이 인상 쓰고 사는 사람보다 주변 사람들에게 웃음을 주며 사는 사람이 더 행복하지 않을까요?

어느 아들이 어머니에게 오늘부터 학교를 그만두겠다고 했어요. 어머니가 이유를 물었지요. "학생들도 나를 싫어하고, 선생님들도 나를 싫어하고, 경비 아저씨도 나를 싫어하고, 매점 아저씨도 나를 싫어하고, 다

나를 싫어해요." 어머니가 타일렀어요. "얘, 그래도 네가 학교에 안 가면
되니? 교장인데!" 유치한가요? "웃지 않은 날은 낭비한 날이다." 찰리 채
플린의 말을 다시 떠올려봅니다.

🎯 낙서하기 좋아하는 사람

모든 아이디어의 기본은 낙서입니다. 머릿속에만 맴도는 생각은 아직
아이디어가 아니에요. 어디에든 풀어놓아야 아이디어가 된답니다. 스페
인 화가 파블로 피카소는 다작으로 유명한데요. 식당에서 음식이 나오기
를 기다릴 때도 테이블 냅킨에 계속 그림을 그렸는데, 그 덕에 무려 4만
5,000점이 넘는 작품을 남겼어요. 흔히 다작에서 걸작이 나온다고 하지

요. 양이 질을 보장한다고도 합니다. 어떤 위대한 아이디어가 먼저 나온 것이 아니라, 아이디어를 엄청나게 많이 내다 보니까 그중에 세상을 바꿀 아이디어가 있었다는 것입니다.

그러니까 연필이나 펜으로 무엇인가를 그리거나 적다 보면 좋은 아이디어가 나올 확률이 높아지겠지요. 요즘 인기 많은 웹툰도 처음에는 낙서에서 시작하지 않았을까요? 작은 낙서에서 시작한 웹툰이 영화가 되고, TV 드라마가 되고, 넷플릭스를 통해 세계로 나가고 있지요. 광고인이 되려면 그런 낙서를 즐겨야 합니다. 종이에 하든, 패드에 하든 상관없지요. 언젠가 끄적거린 나의 낙서가 광고 아이디어가 될 수 있거든요.

스스로 그림 실력이 없다고 생각할 필요는 없어요. 무슨 일이든 오래 하다 보면 실력이 느는 것이니까요. 문학과 예술의 거장들도 초고는 쓰레기 같다는 표현을 합니다. 아이디어를 처음 기록할 때는 엉성해 보이지만, 계속 발전시켜 나가면 어느 날 걸작이 되는 것이지요. 엉터리로라도 낙서를 시작해 보세요. 그런 면에서 다이어리를 꾸미는 '다꾸' 같은 작업은 참 훌륭한 초고 만들기랍니다.

화가 레오나르도 다 빈치가 〈모나리자〉를 그리기 위해 초안으로 그린 그림을 본 적이 있어요. 완성 작품을 생각하면 의아한 모습이었지요. 다 빈치가 1504년쯤에 그렸다는데, 이탈리아의 어떤 상인이 프랑스 루브르 박물관에 기증했다고 하네요.

일본의 유명 소설가 무라카미 하루키는 장편소설 한 편을 완성하기 위해 1년에서 3년 동안 원고를 쓴다고 했어요. 마치 학생이나 회사원처럼 매일 시간을 정해놓고 규칙적으로 작업하는 것으로 유명하지요. 새벽 4시부터 6시간 동안 집중적으로 글을 쓰고 오후에는 체력 유지를 위

〈모나리자〉의 초안과 〈모나리자〉 완성작 14

해 10킬로미터 정도 달리기를 한답니다.

작가 어니스트 헤밍웨이도 새벽부터 글을 썼는데, "글이 형편없고 엉망일 때도 그냥 계속해서 써나가야 하네. 소설을 다루는 방법은 오로지 한 가지뿐이거든. 이야기를 끝까지 밀어붙이는 거지"라는 조언을 남겼어요.

언제 내게 찾아올지 모를 영감을 받겠다고 하염없이 기다리는 것보다는 떠오르는 생각을 적고 그리는 연습을 할 필요가 있습니다. 연필과 종이만 있으면 누구나 시작할 수 있으니까요. 화가 이중섭은 종이가 없어서 담배 포장의 은박지에도 아이들 노는 모습을 그렸지요. 우리도 한번 따라 해보자고요.

🔍 돌아다니기 좋아하는 사람

다음으로는 돌아다니기를 좋아하는 사람입니다. 여러분은 많이 걷는 편인가요? 학교와 학원 시간 때문에 여유가 없겠지만, 되도록 많이 걸으세요. 여러 연구에 의하면, 걸으면 걸을수록 창의력이 늘어난답니다. 타박타박 걸을 때마다 규칙적으로 머리에 좋은 자극이 온다고 하네요.

과학 저널리스트 캐럴라인 윌리엄스의 『움직임의 뇌과학』에서 소개하는 연구 결과에 따르면, 걸을 때 발바닥에 가해지는 압력이 혈류를 몸 전체에 효율적으로 순환하게 도와서 뇌에 활력을 준다고 합니다. 자동차나 TV 앞에 오래 앉아 있는 사람들은 활동적인 사람들에 비해 정신적인 예리함이 훨씬 빨리 줄어든다는 결과도 나왔어요. 신경 과학자와 운동선수, 스턴트맨 등을 인터뷰해서 얻어낸 결과라고 하니 믿음이 가지요. 따로 운동하기 어려우면 대중교통을 이용할 때 목적지의 한 정류장 전에 내려 걸으라는 조언도 있습니다.

무작정 걷는 것도 좋지만 걷다가 대형 마트가 보이면 들어가 보는 것도 좋아요. 저도 눈이나 비가 많이 오는 날엔 마트로 들어가 걷곤 합니다. 어떤 새로운 제품이 나왔는지도 살펴보고 가격 할인하는 제품이 없는지도 보고 새로 나온 제품들을 어떤 식으로 진열하는지도 보는 것이죠. 새로운 판매 촉진 이벤트가 있는지 새로운 방식으로 포장한 제품은 무엇인지 보기 위해 시식을 권유하는 코너나 손님이 많이 모인 코너, 유기농 코너에도 가봅니다. 여태 있었는데 슬그머니 사라진 제품도 찾아 보고 어떤 제품이 눈높이에 진열되어 있는지 봅니다. 새로 들어온 수입식품이 있는지, 포장이 새로워진 제품은 무엇인지, 선반에 어떤 광고가 붙어 있는지 보거나 사람들이 어느 코너에 몰리는지 관찰하기도 하고요.

듣고 보니 걷는 것을 좋아하는 사람이 광고인이 될 수 있겠지요? 제품이 팔리는 시장을 조사하는 일도 광고 회사의 업무 중의 하나랍니다. 마트에도, 재래시장에도, 편의점에도, 슈퍼마켓에도 자주 가봐야 유통을 배울 수 있으니까요.

조금 더 부지런한 광고인은 거기서도 질문을 퍼붓지요. 쇠고깃값이 왜 올랐는지, 이번 주에 아보카도는 왜 가격이 내려갔는지, 고등어는 왜 노르웨이에서 들어오는지, 우유 원유 가격은 낮아졌다는데 왜 소매가는 여전히 비싼지 등등을 묻습니다.

평소에 잘 가지 않던 곳을 가보는 일은 더욱 좋아요. 뇌에 좋은 자극이 된답니다. 굳이 멀리 여행을 가지 않아도 내가 사는 동네 구석구석을 돌아다녀 보면 갈 때마다 새로운 것을 알게 되지요. 궁금한 것이 많은 사람이 광고인이 된다고 했는데, 같은 맥락에서 돌아다니기를 좋아하는 사람도 광고인이 될 자격이 있답니다.

🐌 이야기를 좋아하는 사람

마지막으로 하나 더 소개한다면, 이야기를 좋아하는 사람입니다. 여러분은 소설을 좋아하시나요? 영화를 즐겨 보시나요? 웹툰은요? 이런 이야기를 좋아한다면 광고인이 될 자격이 충분합니다. 광고와 마케팅에서는 스토리텔링이 상당히 중요하지요. 뉴스처럼 누구나 알고 있는 사실은 금방 잊히지만, 이야기는 입소문을 통해 널리 널리 퍼지거든요. 그러니까 광고의 스토리텔링을 공부할 때 소설과 시, 콩트, 영화, 만화, 속담, 옛날이야기를 많이 알수록 유리하답니다. 실제로 옛날부터 있던 이야기를 배경과 인물 이름만 바꾸어 새롭게 만드는 일이 많지요.

미국 영화산업의 본고장 할리우드에서도 이전에 흥행에 성공한 영화를 현대 감각으로 손보아서 다시 제작하고, 연극과 뮤지컬의 메카 뉴욕의 브로드웨이에서도 고전 작품을 현대화하여 공연합니다. 불경기 때문에 안전하게 투자하기 위해 그러기도 하지만, 오랜 세월 동안 사람들에게 사랑을 받는 작품들은 다 이유가 있기 때문이에요.

여러분도 짬 날 때마다 좋은 작품을 많이 읽어두세요. 재미있는 이야기를 많이 알고 있는 것이 친구들에게 인기를 끄는 비결이기도 합니다. 특히 이야기 마지막에 반전이 들어 있는 작품을 잘 기억해 두면 아이디어 낼 때 활용할 수 있어요.

"일어나세요. 기상 시간이에요." 혼자 사는 뤽이 자명종 소리를 듣고 일어납니다. 이어서 주방 기구들, 청소기, 가전제품들이 각자 알아서 자동으로 작동하지요. 옷의 단추를 잠그고 넥타이도 매어줍니다. 기계들은 처음에는 간단한 단어를 말하더니 점점 더 인간적이고 정감 있는 문장을 기억해서 사람 흉내를 내지요. 여론 조사를 가장한 여자 강도가 들어와 뤽을 묶어놓고 물건들을 훔쳐 갑니다. 그녀는 뤽의 가슴을 열어 인공심장을 꺼내지요. 그러고는 "이런 걸 달고 있는 주제에 사랑을 할 수 있을 것이라고 생각해?"라고 묻습니다. 이어서 "우리는 모두 기계야. 그런데도 우리 자신이 살아 있다고 하지. 그런 환상을 품도록 우리 뇌가 프로그래밍되어 있기 때문이야"라고 말합니다. 지구상에 살아 있는 유기체가 사라진 지 이미 오래된 세상에서 뤽이 자신만은 인간이라고 생각한 것이지요. 괜찮은 반전이지요? 이것은 프랑스의 소설가 베르나르 베르베르의 「내겐 너무 좋은 세상」이란 단편소설의 내용입니다.

바로 이런 단편소설의 이야기를 많이 알아두면 광고 아이디어 낼 때 유용합니다. 이렇게 반전이 강한 이야기를 많이 읽어두는 것이 광고인이 되는 지름길입니다.

📝 토론해 봅시다

1. 광고인이 되려면 상상을 좋아해야 하지요. 말도 안 된다는 평을 들을 만한 아이디어를 하나 내서 그것에 대해 이야기해 봅시다.
2. 우리 학교를 홍보한다면 어떤 광고를 만드는 게 좋을까요? 두 명씩 짝을 지어서 한 명은 광고주, 다른 한 명은 카피라이터 역할을 맡아 가상 회의를 해 봅시다.
3. 가장 좋아하는 소설이나 영화, 웹툰 작품을 한 편 골라 그것을 응용한 광고 슬로건을 짜봅시다.

3
광고 분야에서 어떤 직업이
나에게 맞을까?

여러분은 어떤 직업이 좋다고 생각하세요? 이왕이면 일이 재미있고 돈도 많이 벌 수 있는 직업이 좋겠지요? 사람들은 흔히 자신이 좋아하는 직업을 가져야 한다고 합니다. 하지만 보통 자신이 좋아하는 직업은 돈을 벌기가 어렵답니다. 그 일을 좋아하니까 깊이 빠져들지만, 그렇다고 반드시 대가가 따르지는 않거든요. 예술이나 문학 분야가 대표적이지요. 물론 좋은 작품을 만들어 한번 유명해지면 충분한 보상을 받을 수 있지만요.

반대로 자신이 그렇게 좋아하지는 않는 일이지만 돈을 많이 받을 수 있어 선택하는 직업도 있지요. 주위의 권유에 따르거나 직업 안정성이 높아 보상을 잘 받을 수 있는 길을 택하기도 합니다. 들어가기만 하면 오래 다닐 수 있는 공무원이나 변호사, 회계 전문가 같은 직업이지요.

그렇다면 광고인은 어느 쪽에 속할까요? 두 가지 직업 분야의 중간쯤에 있습니다. 재미도 있고 보상도 잘 받을 수 있는 직업이라는 것이지요. 광고주는 광고에 관한 전문적인 업무를 다 할 수가 없으므로 광고대행사에 광고를 맡깁니다. 그러니까 광고를 기획하고 제작하고 집행하고 결과를 평가하고 개선하는 일을 광고대행사의 전문가들이 하는 것이지요.

광고를 국내 시장에서만 하기도 하지만, 요즘은 전 세계를 상대로 한답니다. 한국의 대표적인 스마트폰 브랜드를 태평양 한가운데의 작은 섬나라에 팔고, 자동차 타이어를 아프리카의 여러 나라에 팔지요. 한국의 글로벌 브랜드가 많아지는 추세라 세계 각국에 맞는 광고 전략을 세우고, 그곳 소비자들이 좋아할 광고를 만들어야 합니다. 이제부터 광고대행사를 중심으로 전문적인 광고인 직업들을 소개할게요.

🎯 막중한 책임을 지는 광고 기획자와 크리에이티브 디렉터

광고 기획자

광고 기획자는 영어로 AE라고 부릅니다. '어카운트 이그제큐티브(Account Executive)'의 첫 글자를 딴 것이죠. '어카운트(Account)'는 '고객'이란 뜻이니까, 광고대행사의 고객인 광고주를 말합니다. 삼성전자, 애플, 현대자동차 같은 기업이 광고대행사 입장에서는 광고주이고, 영어로는 어카운트인 것이죠. '이그제큐티브(Executive)'는 '관리직'을 말합니다. 그러니까 AE는 광고주 관리를 맡는 담당자인데, 실제로 광고를 기획하는 책임자이기 때문에 광고 기획자라 부르는 것입니다. 광고 회사에서는 줄여서 '기획'이나 AE라고 부르지요.

AE는 '광고 회사의 꽃'이라고 말합니다. 광고주를 대신해서 광고를 기획하며 모든 스태프를 진두지휘하는 배의 선장에 비유하기도 합니다. 그래서 회사에 출근하면 항상 광고주와 만나 의논하고, 아예 광고주 회사로 출근하기도 합니다. 책상을 두 회사에 놓고 왔다 갔다 하면서 일하기도 하지요.

광고주를 대표하지만, 동시에 광고대행사를 대표하기 때문에 책임이 큰 자리입니다. 광고주의 비즈니스를 키워 매출을 올리면서, 자신이 속한 광고대행사의 매출도 올려야 하니까요.

AE는 광고주와 광고대행사의 커뮤니케이션 통로 역할을 하므로 조정자의 능력을 갖추어야 하지요. 광고주가 요구하는 사항과 광고대행사의 의견이 항상 같지 않기 때문입니다. AE는 컨설턴트이며 의사입니다. 그래서 광고주는 항상 AE를 찾지요. 따라서 광고 기획뿐 아니라 제품에 대한 전문 지식, 새로운 마케팅 이론, 글로벌 트렌드, 변화하는 디지털 매체 환경, 모든 해당 법규, 경쟁사 동향, 크리에이티브 트렌드 등 모든 것을 알고 있어야 합니다.

이 직종의 어려운 점 역시 사람과 사람 사이의 조정입니다. 사람에게 받는 스트레스가 가장 크기 때문에 인내심을 키워야 하지요. 예를 들어, 광고주는 유명 모델을 기용해서 광고를 만들자고 하는데 광고대행사의 제작팀은 최근 개봉한 마블 시리즈 영화를 패러디하자고 합니다. 광고업계에서 의견 충돌은 일상적인 일입니다. 사무실에서 큰 소리를 내며 다투기도 하고, 자기 마음에 들지 않는 광고는 만들 수 없다고 갑자기 회사를 그만두기도 합니다. 광고대행사 안에서도 여러 전문 직종이 있어 여러 갈등이 거의 매일 생깁니다. 이럴 때, AE가 서로 고집부리는 양쪽의 의견을 논리적인 이유를 대며 조정해야 합니다.

좀 힘들겠지요? 그렇지만 세계의 광고대행사에서는 지금 이 순간에도 이 일을 재밌어하는 사람들이 서로 다투며 아이디어를 발전시키고 있답니다. AE에 한번 도전해 볼만 하지 않나요?

AE가 되려면 어떤 자질을 갖고 있어야 할까요? 우선 무엇인가를 기획하는 것을 좋아해야 합니다. 어떤 일을 시작할 때 좋은 아이디어가 떠오르면 바로 실행에 옮기는 사람이 있지만 AE는 그래서는 안 됩니다. 좋은 기획 아이디어라고 해도 절대로 바로 시작하지 않습니다. 우선 자료 조사에 들어갑니다. 시장 조사도 하고 소비자 조사도 하고 경쟁 제품 조사도 합니다. 소비자 빅데이터를 모아 해부하고 분석합니다. 그런 과정을 거쳐서 제품이나 서비스가 갈 방향과 콘셉트를 정하지요. 그런 다음에 제작 팀과 의논하여 광고 기획 아이디어를 광고주에게 프레젠테이션합니다. 물론 한번에 끝나지 않지요. 마지막에 결정된 아이디어를 갖고 제작 팀과 함께 제작에 들어갑니다. 제작을 마치면 어느 매체에 실어야 가장 좋을지 매체 기획을 합니다. 방송이나 게재가 끝나면 광고 사후 조사를 합니다. 각종 비용 정산도 해야 하지요. 이런 모든 기획의 과정을 즐길 줄 알아야 AE가 될 수 있답니다.

친구들과 여행을 가거나 파티를 준비할 때 연습을 잘해두면 나중에 도움이 되겠지요? 여러분이 해야 할 일의 목표를 정리하고 방향을 설정하며 예산과 일정 짜는 일을 즐기는 성향을 갖고 있다면 AE 직종을 적극 추천합니다.

또 AE는 문서를 잘 작성해야 합니다. AE는 광고 기획서를 작성하는

데, 자신의 아이디어를 글로 실감 나게 잘 표현할 수 있어야 합니다. 그래야 프로젝트에 관련된 모든 사람들을 설득할 수 있기 때문이죠.

마지막으로 하나 덧붙이자면, 성격이 좋아야 한다는 것입니다. 직종이 다 달라서 의견도 항상 다른 전문가들과 대화를 잘할 수 있어야 한다는 뜻이지요. AE가 영어 '올모스트 에브리싱(Almost Everything)'의 약자라는 우스갯소리도 있거든요. 그만큼 AE는 무슨 문제든 거의 다 해결하는 해결사 역할을 한다는 것이죠.

AE가 되기 위해서는 대학교에 가서 광고홍보, 미디어콘텐츠, 신문방송, 경영학이나 어문 계열의 인문학 분야 전공을 하면 기본을 배울 수 있어 좋지요. 물론 법학이나 정보통신, 부동산, 어문 계열 등을 전공한 기획자도 많은데, 자신이 전공한 분야의 광고를 맡을 때는 더욱 신이 나서 일을 합니다. 다만, 전공과 상관없이 AE 직종의 문은 열려 있으니, 기획자, 조정자, 해결사 일을 거뜬히 해낼 수 있는 성향을 갖고 있다면 도전을 권합니다.

크리에이티브 디렉터

크리에이티브 디렉터(Creative Director)는 광고 제작을 담당하는 광고 크리에이티브 부서의 최고책임자를 뜻하는 말입니다. 광고대행사에서는 줄여서 CD라고 부릅니다. 크리에이티브 디렉터의 업무는 광고, 제품, 이벤트, 로고 등 모든 광고 크리에이티브에 대한 결정을 하는 일입니다. 보통 디자인을 담당하는 아트 디렉터와 카피를 쓰는 카피라이터에게 광고 표현 방향을 제시하고 시안을 검토한 뒤 결정을 합니다.

영상 광고를 책임지는 프로듀서를 PD라고 하는데, 영상이 중요한 프로젝트는 처음부터 PD가 함께 작업하기도 합니다. 경우에 따라 크리에이티브 디렉터가 직접 아트 디렉터나 카피라이터 역할을 맡기도 합니다. 이렇듯 크리에이티브 디렉터는 그래픽 디자인, 미술, 모션 그래픽, 레이아웃, 카피라이팅의 전문가들로 만든 팀을 이끌지요. 따라서 광고 디자인과 카피라이팅, 영상 디자인 등의 분야에서 기술과 전문성을 갖추고 있어야 합니다.

가끔 대학을 갓 졸업한 학생이 광고대행사의 크리에이티브 디렉터를 하겠다고 하는 경우가 있습니다. 크리에이티브 디렉터는 광고 디자인이나 카피라이팅, 영화 제작 업무를 10년 이상은 해야 할 수 있는 직종인데, 잘 모르고 하는 말이지요. 아트 디렉터나 카피라이터로 일하다가 실력을 인정받으면 제작을 총괄하여 책임지는 크리에이티브 디렉터가 되는 것이니까, 나중에 경력을 쌓으면 얼마든지 도전할 수 있어요.

저도 광고대행사에서 크리에이티브 디렉터 일을 오래 했어요. 1980년 말에 우리나라 광고대행사에서는 처음으로 회사에서 제 명함에 크리에이티브 디렉터란 이름을 붙여 주었지요. 당시 우리보다 앞서가던 미국과 일본의 광고대행사에서 크리에이티브 디렉터 시스템을 도입해서 효과를 보고 있으니 우리도 그렇게 하는 것이 좋다는 의도였죠.

그전까지는 광고를 만들 때 각 분야의 전문가들이 따로따로 일했어요. 그러니까 카피라이터는 카피만 쓰고, 아트 디렉터는 주로 인쇄 광고 디자인 작업만 하고, PD는 TV 광고만 만드는 식이었죠. 그런데 그렇게 전문가들이 따로 흩어져 일을 하다 보니 통합 마케팅 커뮤니케이션인 IMC가 어려웠던 것이지요. 매체별로 뛰어난 작품이 나오기는 하는데, 한 브랜드의 광고가 매체마다 다른 아이디어로 보이는 문제가 생긴 것입니다. 그래서 제작 경험이 많은 누군가가 광고 아이디어를 통합 관리해야 할 필요가 있었어요. 그 이후로 매체의 종류와 상관없이 한 브랜드의 광고에 대해 처음부터 함께 아이디어를 내기 시작했죠.

크리에이티브 디렉터 역할은 쉽지 않습니다. 카피라이터나 아트 디렉터처럼 자기 아이디어만 고수할 수 없거든요. 팀플레이를 하지 않고 자기 아이디어만 고집하면 굳이 팀을 만들어 일할 필요가 없으니까요. 어느 영국의 유명한 크리에이티브 디렉터가 "크리에이티브 디렉터로 일하는 것이 아내와 헤어지는 것보다 훨씬 더 어려웠다"고 말할 정도였죠. 고집이 센 여러 팀원과 함께 하나의 방향으로 간다는 것은 쉽지 않은 일이랍니다.

크리에이티브 디렉터는 '광고 제작의 꽃'이라 할 정도로 매력 있는 일이에요. 여러분도 자신에게 디자인이 맞는지, 카피라이팅이 맞는지, 영상 광고가 맞는지 잘 생각해 보세요. 광고대행사에 입사해서 아트 디렉터나 카피라이터가 되고, 아이디어를 잘 내면 크리에이티브 디렉터가 될 수 있답니다.

아트 디렉터가 되기 위해서는 대학교에 가서 아무래도 디자인이나 디지털미디어, 애니메이션, 영상 같은 예술 분야 전공을 하는 것이 유리합니다. 포토샵 같은 디자인 도구를 공부해 두면 유리하지요. 카피라이터가 되기 위해 필요한 전공은 따로 없지만, 어문 계열의 인문학 분야 전공이나 광고홍보, 미디어콘텐츠, 신문방송, 경영학 같은 전공을 하면 좋지요. 열심히 준비해서 현장에서 만나요.

떼려야 뗄 수 없는 관계, 카피라이터와 아트 디렉터

카피라이터

광고에서 카피(copy)는 광고 문구를 말합니다. 라이터(writer)는 작가란 뜻이니까, 광고에 들어가는 모든 문구를 쓰는 작가를 카피라이터(copywriter)라고 하는 것이죠. 카피라이터는 소비자가 한번 들으면 오랫동안 잊지 않도록 짧고 강한 문구를 만들어냅니다. 그래서 오래전에 선보인 광고 카피 중 아직도 회자되는 명작 카피가 많아요.

- 사랑해요 LG – LG그룹
- 싱크 디퍼런트(Think different) – 애플
- 니들이 게 맛을 알아? – 롯데리아 게살버거
- 열심히 일한 당신 떠나라 – 현대카드
- 삼성이 만들면 다릅니다 – 삼성전자
- 작은 차 큰 기쁨 – 티코 자동차
- 침대는 가구가 아닙니다 과학입니다 – 에이스침대

카피라이터는 긴 호흡을 갖고 글을 쓰는 영화 시나리오 작가나 소설 작가들과는 다릅니다. 촌철살인(寸鐵殺人)이란 말 아시지요? 1촌(약 3센티미터) 길이의 작은 쇠붙이로 사람을 죽인다는 뜻입니다. 그러니까 그렇게 짧은 말로 남에게 감동을 줄 수 있다는 뜻이지요. 카피라이터라면 촌철살인의 카피를 써내야 합니다. 광고 문구는 길어야 2초 안에 소비자의 눈과 귀를 사로잡아야 하니까요.

쉽지는 않지만, 매력적인 일이지요. 내가 쓴 카피 한 줄이 사람들을 움직여 제품도 다 팔리게 한다면 얼마나 기쁠까요? 담배를 피우지 말자고 쓴 나의 카피 한 줄 덕분에 실제로 금연하는 이들이 늘었다면? 내가 쓴 카피 한 줄이 대통령 후보를 당선시켰다면? 생각만 해도 기쁘겠지요.

카피에는 대표적인 유형이 몇 가지 있어요. 헤드라인(headline), 보디카피(body copy), 슬로건(slogan) 등이지요. 헤드라인은 머리가 되는 글이니까, 뉴스의 헤드라인처럼 짧고 강하게 요점만 던지는 문구를 말합니다. 광고를 볼 것인가 보지 않을 것인가가 여기서 결정되지요. 소비자의 관심을 끌지 못하는 헤드라인은 바로 외면당합니다. 그러면 제품이나 서비스가 아무리 좋아도 소용없지요. 광고를 끝까지 봐 주지 않으니까요.

보디카피는 몸통이 되는 글이니까, 헤드라인에 이어지는 광고의 본문을 말합니다. 그러니까 소비자가 헤드라인을 읽고 나서 보디카피까지 읽게 했다면 성공입니다.

슬로건은 구호를 말하는데, 브랜드의 특징을 한마디로 요약한 문구를 말합니다. 앞서 소개한 애플의 '싱크 디퍼런트(Think different)'가 바로 그런 브랜드의 성격을 잘 담은 슬로건입니다. 지금까지와는 다르게 생각하라는 문구로 자신들의 특징을 표현했지요. 제품의 디자인도 다르게, 소비자가 접하는 사용자 환경, 즉 UI(User Interface)도 다르게, 성능도 다르게 하겠다는 의지를 드러낸 것입니다. 물론 소비자 가격도 다르지요. 경쟁 제품들처럼 절대로 할인 판매를 하지 않으니까요.

애플은 좀 싸게 팔면 좋겠다는 소비자의 마음에는 아랑곳하지 않고 정가 판매를 고수하지요. 그런 가격 정책을 유지하는 것은 브랜드 입장에서는 잘하는 일입니다. 처음에는 비싸다고 비난을 받을지 몰라도, 장기적으로는 브랜드의 고급 이미지를 오래 유지할 수 있으니까요. 단, 제품의 품질과 품격을 보장하고 고급 브랜드 이미지를 지키려는 노력이 있어야 하지요.

카피라이터는 광고 카피만 쓰지 않습니다. 신제품을 위한 브랜드 네임(brand name)을 짓기도 하고, 약품 포장지의 복용 설명서도 쓰고, 자동차의 제품 설명서도 쓰고, 기업이 한 해 동안 얼마나 사업을 잘했는지 주주에게 보고하는 기업 연례보고서인 애뉴얼 리포트(annual report)도 씁니다. 이처럼 광고와 마케팅에 관련된 모든 글을 쓰는 사람이 카피라이터입니다. 문학작품인 소설이나 시를 쓰는 작가와는 좀 다르지요.

그래서 카피라이터는 조사의 귀재가 되어야 합니다. 광고주와 브랜드에 관련된 자료를 조사하고 제품을 연구하며 경쟁 상황을 이해하고 매체 계획도 알아야 하고 소비자 심리도 읽어내야 하죠.

이런 카피라이터가 되려면 어떤 자질이 필요할까요? 일단 설득적인 글을 쓰기 위해 우리말을 정확하게 쓸 줄 알아야 합니다. 모르는 것은 사전과 인터넷의 도움을 받을 수 있지만, 한글을 정확하게 다루는 능력은 잠깐 찾아본다고 갖출 수 있는 것이 아니니까요. 카피라이터가 우리말을 정확하게 써야 기업이 소비자와 오류 없이 소통할 수 있어요.

또 연극, 영화, 소설, 시, 만화, 애니메이션, 음악을 좋아해야겠지요. 다른 작가들의 아이디어가 커다란 자극을 주거든요. 남의 아이디어에서 영감을 얻어 나만의 아이디어를 낼 수 있으니까요.

꼭 작품이 아니어도 카피라이터는 어디서든 영감을 얻을 수 있습니다. 전철 안 다른 사람들의 대화, 오랜만에 만난 친구의 이야기, 음악 등에서 훌륭한 소재를 잡아내지요. 카피라이터는 펜과 메모지를 꼭 갖고 다닙니다. 그렇게 관찰하다가 재미있는 단어, 어처구니없는 상황, 신기한 헤어스타일, 우연히 찾은 맛집 등을 적어두어야 하니까요.

또 TV나 신문 같은 미디어와 소셜 미디어는 늘 끼고 살아야 합니다. 다른 사람들이 만든 다른 제품의 광고도 모두 보아야 합니다. 다른 카피라이터가 쓴 카피와 유행어도 모두 스크랩해 둡니다. 주변의 재미있는 모든 것을 적어둡니다. 언제 광고 카피로 쓸지 모르니까요.

전설적 카피라이터 데이비드 오길비는 자신의 책『광고 불변의 법칙』에서 카피라이터의 자질을 이렇게 말했어요.[15]

첫째로, 카피라이터는 항상 호기심을 지녀야 합니다. 항상 안테나를 세우고 있어야 하며, 세상의 많은 것을 잘 알고 있어야 합니다.

둘째로, 유머 감각이 있어야 합니다. 카피는 흥미를 끌어야 하는데, 유머가 훌륭한 도구가 됩니다. 카피는 편안하고 즐거운 분위기에서 더 잘 나오기 때문이죠.

셋째로, 오래 일할 수 있는 체력이 필요합니다. 마감 때까지 늘 시간에 쫓기기 때문이죠.

넷째로, 재미있고 자연스러운 문장력을 키워야 합니다. 평소에 독서와 습작을 많이 해 문장력을 키우세요. 그리고 거리로 나가 소비자의 생생한 목소리를 들으면 실감 나는 대화체 카피를 쓰는 데 도움이 됩니다.

다섯째로, 카피를 쓸 때는 늘 비주얼을 생각해야 합니다. 단순히 글만 쓰는 것이 아니라 훌륭한 비주얼 아이디어를 이끌어낼 수 있어야 하죠.

마지막으로, 늘 새로운 것을 만들려는 노력을 해야 합니다. 카피라이터가 더 나은 카피를 쓰려는 욕심을 버리면 좋은 카피를 기대할 수 없지요. '더 좋은 카피는 없을까?' 하며 마지막까지 고뇌하는 모습이 필요합니다.

카피라이터가 되려면 평소에 여러 글을 많이 써보아야 합니다. 미국 작가 로버타 진 브라이언트(Roberta Jean Bryant)는 "작가란 오늘 아침에 글을 쓴 사람이다"라고 말했어요. 또 영국 수필가 찰스 램(Charles Lamb)은 "바빠서 글을 쓸 수 없다는 사람은 시간이 있어도 글을 쓰지 못한다"라고 했지요.

개인 블로그에 자신의 관심사에 관한 글을 꾸준히 쓰고, 페이스북과 인스타그램에 사진이나 글을 올릴 때 어떻게 해야 반응이 잘 나오는지 연구해 보세요. 아무 목적 없이 일기처럼 올린 글에 반응이 몰려올 때도 있고, 잘 준비해서 수정을 거쳐 올린 글에 반응이 없는 경험을 할 수 있지요. 이메일을 보낼 때도 제목을 어떻게 써야 답장이 잘 오는지 시험해 보고, 카카오톡 같은 메신저 서비스를 활용해 내 메시지에 대한 친구들의 반응을 살펴보면 큰 도움이 됩니다. 같은 메시지라도 고객의 눈길을 끌어 행동을 유발할 수 있는 카피를 쓰는 좋은 연습이지요.

광고 카피뿐 아니라 모든 글쓰기의 원리는 의외로 단순하답니다. 학교 숙제든 논술 문제 답이든 자기소개서든 공통적인 원리가 있어요. 글쓰기를 내 글을 읽을 사람과 글을 쓰는 나의 대화라고 생각하는 것입니다. 영화 시나리오처럼 대화를 써놓고 상대의 글을 지워버린다고 생각하면 어떨까요? 일단 한 줄을 쓰고 나서 읽는 이의 반응을 미리 생각해보고 뻔하다고 생각하는 부분을 과감히 생략하는 것이지요. 여러분도 한번 시도해 보세요. 할 말만 재빠르게 하고 빠지는 광고 카피처럼 인상적이고 설득력 있는 글을 쓸 수 있을 테니까요.

아트 디렉터

광고 아트 디렉터(art director)는 디자이너 역할을 합니다. 그러나 보통 디자이너보다 더 큰 일을 합니다. 한 광고의 메시지를 비주얼로 표현하는 책임을 지니까요. 아트 디렉터는 카피라이터와 더불어 광고 크리에이티브 팀의 핵심 직종입니다. 각각 그림과 글을 다루는데 한 광고에서 그 둘이 물과 기름처럼 따로 놀면 곤란하겠지요. 그래서 두 사람은 계속 함께 붙어 다니다시피 일합니다. 아트 디렉터가 먼저 비주얼 아이디어를 가져오면, 카피라이터가 거기에 맞는 글을 씁니다. 반대로 하는 경우도 있습니다.

광고 메시지를 글로 표현하기도 어렵지만, 그림으로 표현해서 감동을 주기는 더욱 어렵습니다. 그런데 세계 광고의 추세는 글보다 그림으로 소통하는 모습을 보이고 있어요. 국제광고제 수상작에서는 그런 경향이 더욱 두드러지게 나타납니다. 카피는 거의 보이지 않고, 비주얼 한 장으로 승부합니다. 광고에서 비주얼이 중요해짐에 따라 광고 비주얼을 담당하는 아트 디렉터의 역할이 더욱 중요해지고 있어요.

아트 디렉터는 카피, 사진, 영상, 일러스트레이션, 제품명 로고, 타이포그래피(typhography) 같은 광고의 모든 시각적 요소를 콘셉트에 맞게 구성하여 광고를 만들지요. 시각적 발상 능력, 색채 감각, 구도를 잡는 레이아웃(layout) 감각, 타이포그래피 감각을 갖고 있어야 합니다. 디자인의 완성도를 높이기 위해 꼼꼼해야 하지요.

아트 디렉터는 주로 신문 광고나 잡지 광고 같은 인쇄 광고를 만드는데, 지금은 다양한 디지털 매체가 등장하여 업무 영역이 늘어났어요. 예를 들어, 서울 삼성동에 있는 거대한 디지털 광고에 들어갈 광고 이미지도 만들어야 하거든요. 움직이지 않는 인쇄 광고 이미지가 마치 동영상처럼 움직이기도 하고, AR과 VR 요소가 들어가기도 하지요.

인쇄 광고는 이제 모든 광고의 뿌리 역할을 하게 됐어요. 포스터 이미지처럼 움직이지는 않지만, 전체 광고 캠페인의 원형 아이디어가 된 것이지요. 버스 광고, 지하철 광고, 인터넷 배너 광고, 모바일 광고에도 게재되니까 그런 매체들의 특성도 잘 알아야 합니다.

아트 디렉터가 되려면 앞서 설명한 것처럼 대학교에서 디자인을 전공하는 것이 좋습니다. 디자인을 전공하지 않고 아트 디렉터가 된 경우는 드물지요. 주로 시각디자인이나 광고디자인, 멀티미디어디자인 같은 디자인을 전공한 사람이 아트 디렉터가 됩니다.

🎯 현장의 꽃, 광고 PD와 광고 감독

광고 PD

광고 PD는 영상 광고를 제작하는 프로듀서(producer)를 말합니다. 사실 영어로 PD란 말은 어디서 왔는지 모를 이상한 조어입니다. '프로듀서'의 발음을 따서 PD라 했을 수 있는데, 그것도 이상하지요. 광고 제작 현장에서는 편의상 그렇게 부르지만, 정확한 용어는 프로듀서랍니다. 그러니까 외국 스태프들과 함께 촬영할 때는 반드시 그렇게 불러야 알아듣지요. 현장에서는 PD란 '피할 건 피하고, 들이밀 건 들이미는' 어려운 직업이라고 장난삼아 이야기하기도 합니다.

광고 PD는 원래 TV 광고의 전문가입니다. 그래서 TV 광고 제작 전반에 대해 막히는 것이 없을 정도로 정통해야 합니다. 그런데 최근에는 TV 광고가 방송뿐 아니라 다양한 소셜 미디어 채널을 통해 송출되므로 업무의 범위가 넓어졌어요. 게다가 TV 방송용이 아니라 독특한 형태의 영상 광고가 많아져서 신경 써야 할 것이 더욱 많아졌지요. 예를 들어, 15초나 30초 길이의 TV 광고가 아니라 5초짜리나 10분짜리 영상 광고가 소셜 미디어에서 인기를 얻고 있으므로 이런 형태의 광고도 알아야 합니다.

PD는 아이디어 개발부터 제작 과정 전반에 책임자로 관여하며 영상 광고 제작을 진두지휘합니다. 영상 광고는 호주나 미국, 유럽 같은 외국에 가서 제작하는 경우도 많고, 제작 규모가 크기 때문에 진행의 모든 과정에 세심한 준비가 필요해요. 하지만 외국에 촬영하러 가면 배우는 것이 많지요.

1989년, 광고대행사 PD로 일하던 저는 네스카페의 테이스터스 초이스 커피 광고를 찍으러 뉴욕에 해외 촬영을 하러 가게 됐어요. 그때까지만 해도 우리나라에서 광고 해외 촬영을 하러 갈 수 없었다가 그해 1월 1일부터 해외여행 자유화가 시작됐거든요. 외국 작업 경험이 없는데 혹시 준비가 부족해서 잘못 찍어 오면 수정 촬영을 하러 다시 갈 수 없으니 긴장을 많이 했죠.

복잡한 도시 뉴욕 한복판의 유명한 장소마다 길을 막아놓고 촬영을 하려니 점검할 것이 많았어요. 그때는 영어도 잘하지 못해서 현장에서 하고 싶은 말도 제대로 하지 못했죠. 영어회화책을 달달 외워서 필요한 말을 골라서 했답니다.

우여곡절 끝에 무사히 촬영을 마치고 모두 귀국하는데, 광고 PD인

테이스터스 초이스 커피 광고

저만 5일 더 뉴욕에 남아 있게 됐어요. 촬영한 필름을 받아서 귀국해야 했거든요. 일이 끝나지 않아 못 오는 것이었지만, 혼자 여행도 할 수 있어 얼마나 기뻤는지 모른답니다. 그때 시작한 광고 캠페인이 30년 가까이 모델만 바꾸어 지속되었죠.

여러분도 영상 광고에 관심이 있다면, 광고 PD를 직업으로 선택해 보세요. 일하면서 세계 여행 경험을 덤으로 얻을 수 있답니다. 저도 그 이후 광고 촬영을 위해 러시아, 영국, 인도, 호주, 이탈리아, 프랑스 등 많은 나라를 다녀왔어요.

하나 덧붙일 것은, 영어 공부를 해두어야 한다는 것입니다. 그렇게 유창하지 않아도 괜찮아요. 광고 회의나 해외 촬영 가서 자기의 의견을 이야기하고 소통할 수 있을 정도면 되니까요. 영어회화를 어느 정도 할 수 있으면 꼭 일이 아니어도 여행을 가서도 편리하지요. 회사 선택의 범위가 넓어져서 좋고, 입사 인터뷰를 할 때도 유리한 데다 연봉도 높일 수 있답니다.

또 광고 PD는 영상 광고 제작 현장에서 나오는 다양한 의견을 조정하는 역할을 합니다. 이미 합의한 아이디어를 광고주가 현장에서 바꾸어 새로운 아이디어를 제시하거나, 유명 모델이 장면이 마음에 들지 않는다고 촬영을 거부하는 일도 생기거든요. 그런 상황에서 광고 PD가 한 방향으로 여론을 몰아가면서 작품성을 해치지 않게 해야 하지요. 함께 일하는 이들의 기분이 나쁘지 않게 차단할 것은 차단하고, 발전적인 의견은 적극적으로 수용하는 기술을 갖추어야 한답니다. 특히 촬영 당일에 연출에 몰두하고 있는 감독에게 누군가가 즉흥적인 아이디어를 내어 몰입을 깨뜨리지 않게 차단해야 하죠. 감독과의 소통은 반드시 PD를 통하도록 약속을 해놓아야 혼선이 빚어지지 않거든요.

광고대행사 PD 이외에도 영상 광고를 직접 제작하는 PD 프로덕션의 PD도 있어요. PD 프로덕션은 광고대행사로부터 일을 받아 제작 기획을 하고, 연출은 제작사의 감독에게 맡깁니다.

또 크리에이티브 부티크 PD도 있어요. 크리에이티브 부티크(creative boutique)란, 패션 부티크처럼 규모는 작지만 개성이 강하고 특색이 있는 아이디어를 내는 회사입니다. 대개 재벌 기업의 계열사인 대형 광고대행사에 비해 자유롭고 혁신적인 아이디어를 내서 인기입니다. 특히 광고대행사 간의 경쟁 프레젠테이션에 투입되어 좋은 성과를 만들어내지요.

한 편의 영상 광고를 제작하기 위해 기획에서부터 촬영, 편집, 녹음 등 전반적인 단계에 참여하는 사람이 바로 광고 PD입니다. 광고 PD는 참 재미있는 직업이에요. 일하면서 남들이 하지 못한 경험을 많이 해보기 때문이죠.

광고 PD가 되기 위해서는 대학교에서 연극영화, 영상제작, 광고창작, 신문방송, 애니메이션, 디자인을 전공하면 좋아요. 하지만 아이디어를 영상으로 표현할 줄 아는 예술적 자질만 있다면 어떤 전공이어도 상관 없어요. 공대 나온 PD, 철학과 나온 PD, 영문학과 나온 PD도 많지요. 여 러분도 한번 도전해 보세요.

광고 감독

광고 감독은 극영화나 TV 드라마의 감독과 같은 일을 하지만, 주로 15초, 20초, 30초 길이의 영상 광고를 만든다는 차이가 있어요. 또 하나 영화감독과 다른 점은 감독 능력에 고급 세일즈맨십을 함께 갖춘 영상 제작자라는 점이에요. 대개 아이디어는 광고대행사에서 내고 카피는 카 피라이터가 써주지만, 광고 감독은 그에 대한 자기만의 독특한 해석 능 력을 갖추어야 합니다. 그렇지 않다면 굳이 그 감독을 기용할 이유가 없 으니까요. 같은 아이디어를 받아도 전혀 다르게 해석할 줄 알고, 영상으 로 옮겨낼 수 있어야 합니다.

광고 제작사는 아이디어 회사이므로 제조업 회사 같은 장비나 시설 이 필요 없어요. 감독이 PD와 조감독 등 몇 명의 스태프와 운영하지요. 작은 사무실과 컴퓨터, 전화 같은 기본 집기만 있어도 충분해요. 촬영 장 비와 조명 장비는 대여해서 촬영하니까요. '프로덕션'이라는 이름이 붙은 회사가 제작사지만, 감독의 개성을 살려 자유롭게 이름을 붙이는 추세입 니다. '돌고래 유괴단' '매스메스에이지'라는 프로덕션 등이 있지요.

광고 감독이 되기 위해서는 제작사에 조감독으로 입사하는 것이 일반적인 경로입니다. 의사가 되려면 인턴과 레지던트를 거치듯이, 처음에는 조감독 시절을 거쳐야 감독이 될 수 있지요. 일정 기간 감독을 보조하면서 업무를 배우다가 적절한 시기에 감독으로 데뷔하는 것입니다. 다른 방법은 광고대행사에서 PD로 제작 업무를 익힌 후, 독립하여 제작사를 차리거나 기존의 제작사에 들어가 감독이 되는 것입니다. 카피라이터나 아트 디렉터로 일하다가 감독으로 변신하는 경우도 많지요.

이전에는 극영화나 애니메이션 감독 출신이 광고 감독을 했는데, 최근에는 시각디자인을 전공한 감독의 수가 많아졌어요. 그래서 광고의 표현 경향도 스토리텔링보다는 멋진 화면을 추구하는 방향으로 기울고 있답니다.

광고 감독 역시 대학교에서 꼭 영화나 영상을 전공해야만 할 수 있는 직종은 아닙니다. 연극영화나 디자인, 광고창작, 멀티미디어 등 관련 전공을 공부하면 유리하죠. 하지만, 광고 PD와 마찬가지로 영상에 대한 기본기와 열정이 있으면 광고 감독을 할 수 있어요. 또한 디지털 카메라로 광고 영상을 찍어서 30초 이내로 편집해 보는 연습을 많이 하면 감각을 익힐 수 있어요.

 유망 직업, 미디어 플래너와 온라인 광고 전문가

미디어 플래너

미디어 플래너(media planner)는 광고 미디어를 효과적으로 활용하는 계획을 짜는 직종입니다. 주어진 예산 범위 내에서 소비자에게 다가

갈 가장 효과적인 미디어를 선정하고, 가장 저렴한 비용으로 구매하는 것이지요. 광고주는 광고 자체의 아이디어를 중요하게 여기지만, 그것 못지않게 그 광고를 어느 미디어에 실어 내보는가에 관심이 많거든요. 물론 최소의 비용으로 최대의 효과를 기대하지요.

전체 광고 예산에서 제작비는 10~20퍼센트이고 나머지는 미디어 구매 비용 대부분이기에 미디어 플래너의 판단이 중요해집니다. 과연 광고 예산을 낭비하지 않고 가장 효율적으로 사용하여 광고 효과를 높이는 방법은 무엇일까요? 이것이 바로 미디어 플래너의 고민이지요. 게다가 소셜 미디어의 등장으로 광고 미디어의 종류도 다양해지고, 아직 광고 효과가 검증되지 않은 미디어가 많아 그 고민은 더 깊어집니다.

이전에 소개한 것처럼, 광고의 전통적인 4대 매체는 TV, 신문, 잡지, 라디오였죠. 그밖에 포스터, 지하철 스크린도어, 시내버스 외벽 광고, 대형 빌보드, 우편 광고, 전단 등이 있고요. 그런데 인터넷의 등장으로 포털 사이트, 소셜 미디어, 모바일 앱, 디지털 사이니지, 양방향 광고 등이 주요 미디어로 떠올랐어요. 게다가 방송 프로그램이나 신문 기사에 광고를 협찬하거나 간접광고 PPL을 집행하거나 인플루언서를 기용하거나 AR과 VR을 활용하여 광고하거나 메타버스(metaverse) 공간을 미디어로 활용하는 등 새로운 미디어 플래닝이 필요하지요.

미디어 플래너가 하는 일은 무엇일까요? 우선 광고주가 가장 중요하게 생각하는 광고 예산을 세웁니다. 브랜드의 현재 위치, 시장 상황, 미디어의 환경 변화 등을 고려해서 브랜드에 가장 적정한 예산을 제안하지요. 적정 광고 예산이 결정되면 그 금액을 토대로 다양한 미디어를 효과적으로 섞어 통합적으로 활용하는 계획인 미디어 믹스 작업을 합니다. 비용은 많이 들어도 효과가 강력한 TV 광고에 전체 예산의 50퍼센트를 투입하고, 40퍼센트의 예산은 유튜브를 비롯한 소셜 미디어 광고에, 남은 10퍼센트의 예산을 버스 광고에 배정하는 식입니다.

물론 광고 미디어 예산이 적으면 타깃 오디언스에게 가장 가깝게 다가갈 미디어를 선정해 집중적으로 예산을 투입하기도 하지요. 예산이 적어 TV 광고를 하지 못한다면, 유명 인플루언서를 기용하는 데 대부분의 예산을 투입해서 효과를 노릴 수 있지요. 광고 집행을 마치고 나면 광고주를 위해 미디어 리포트를 작성합니다. 물론 중간에 광고 효과와 경쟁사의 동향 등을 담은 월간 리포트를 작성하여 제시하기도 합니다. 또한 새로운 미디어를 계속 발굴하여 거기에 맞는 크리에이티브 아이디어를 제시하는 일도 합니다.

한마디로 말하면, 미디어 플래너는 돈을 잘 써야 합니다. 최대의 광고 효과를 위한 최적의 미디어 믹스를 하는 직종이니까요. 따라서 미디어 플래너가 되기 위해서는 아무래도 숫자 감각이 있어야 하겠지요. 닐슨이나 KADD 같은 조사 회사에서 나오는 소비자 자료나 광고주가 주는 자료, 광고대행사가 자체적으로 갖고 있는 자료 등을 해석할 수 있어야 합니다.

통계자료 입력과 계산, 플래닝 등을 잘하려면 엑셀과 파워포인트 실력이 필요하겠지요? 미리 이런 프로그램을 익혀두면 좋습니다. 미디어 플래너가 되기 위해서는 대학교에서 광고홍보, 신문방송, 커뮤니케이션, 마케팅, 회계, 경영을 전공하면 유리합니다. 경제 감각이 있고 새로운 미디어 활용에 관심이 있으면 도전해 볼만 하겠지요? 참고로, 광고 미디어 플래너는 수요가 많아 취업하기 좋아요. 외국 미디어 회사도 많이 들어와 있으니 영어를 잘하면 더 좋은 대우를 받을 수 있답니다.

온라인 광고 전문가

온라인 광고는 인터넷을 사용하여 소비자에게 제품과 서비스를 홍보하는 광고입니다. 그래서 인터넷 광고라고도 하고, 디지털 광고나 웹 광고라고도 합니다. 온라인 광고의 종류에는 이메일 마케팅, 검색엔진 마케팅, 소셜 미디어 마케팅, 디스플레이 광고, 모바일 광고가 있어요.

온라인 광고는 TV 광고와 인쇄 광고 같은 전통적인 오프라인 광고와 다른 점이 있지요. 프로그래매틱 광고(programmatic advertising) 기법을 사용한다는 점입니다. 프로그래매틱 광고란 프로그램이 자동적으로 이용자의 검색 경로, 검색어 같은 빅데이터를 분석해 이용자에게 필요한 광고를 띄워주는 광고 기법이에요. 개인정보를 활용하지 않아서 「개인정보보호법」을 위반하지 않고, 방문기록인 쿠키를 활용하기 때문에 개인 맞춤형 광고를 제공할 수 있어요. 광고주는 꼭 필요한 소비자에게만 광고를 보여주어 광고비를 절약할 수 있어 좋아하지요.

온라인 광고 전문가에는 온라인 광고를 집행하는 광고주, 다양하게 제작한 광고를 온라인 콘텐츠로 통합하여 인터넷에 '퍼블리싱(publishing)'하는 전문가가 있습니다. 퍼블리싱이란 광고를 온라인상에 게재하는 것을 말하지요. 마치 잡지를 발행하는 것과 비슷해서 그런 이름을 붙인 것입니다. 또 전통적인 오프라인 광고대행사처럼 광고 카피를 작성하는 카피라이터와 디자이너 같은 광고대행사의 전문가, 광고를 기술적으로 전달하고 통계를 분석하는 전문가도 있어요.

그러니까 온라인 광고 전문가도 전통적인 오프라인 광고 전문가와 같은 일을 한다는 것을 알 수 있지요. 다만 TV 광고를 중심으로 일하는 전통적인 오프라인 광고대행사와는 달리, 소셜 미디어 등 온라인 광고에 중점을 두고 일하는 차이가 있지요.

온라인 광고는 TV 광고나 인쇄 광고처럼 불특정 다수에게 광고하지 않고, 철저히 데이터를 활용해서 광고하니까 광고비를 효과적으로 쓸 수 있겠지요? 또 쌍방향 소통이 가능하다는 장점도 있고요. 소비자들이 댓글 창이나 커뮤니티 사이트 등에서 기업의 광고나 마케팅 활동에 직접 개입할 수 있지요.

그런데 이런 분류는 디지털 기술이 급격하게 발전하면서 생긴 것이고, 대부분의 기업은 광고 예산을 적절하게 배분하여 오프라인 광고와 온라인 광고를 함께 진행한답니다. 소비자 입장에서는 제품이나 서비스가 좋으면 될 뿐, 그 광고를 오프라인에서 봤는지 온라인에서 봤는지는 신경 쓰지 않으니까요. 기업 역시 최적의 광고비로 최대의 소비자에게 다가갈 수 있다면 온라인이나 오프라인 같은 경로는 상관하지 않지요. 검은색이든 흰색이든 고양이는 쥐만 잘 잡으면 되니까요.

최근 들어 기업이 온라인 광고에서 가장 중요하게 생각하는 것은 매출이랍니다. 온라인을 통해 광고만 하는 것이 아니라 제품이나 서비스를 많이 팔아야 한다는 것이지요.

온라인 광고 전문가가 되기 위해 꼭 알아야 할 온라인 광고 용어를 몇 개 소개할게요. 우선 '검색엔진 최적화(SEO, Search Engine Optimization)'가 있어요. 네이버나 다음 같은 검색엔진에서 검색했을 때 맨 위에 나타나도록 관리하는 것을 말하지요. 소비자가 검색해 주기를 원하는 핵심적인 키워드를 등록하는데, 다른 사이트와 배너 광고를 교환해서 싣거나, 여러 사이트에서 추천 사이트로 등록하여 이용자를 늘리기도 하지요.

'소셜 미디어 광고'는 기본적으로 광고를 싣지만, 다양한 이벤트를 시행해서 소비자의 지속적인 관심을 끕니다. 소비자 커뮤니티를 통해 정보를 공유하고 개선 아이디어를 제시하게 하지요. 광고를 보고 관심을 가진 소비자를 쇼핑 사이트나 앱으로 연결을 시켜주기도 합니다.

'모바일 광고'는 스마트폰이나 태블릿 컴퓨터 같은 무선 모바일 장치를 통한 광고입니다. 배너 광고 같은 디스플레이 광고, 동영상 형태의 리치미디어 광고, 단문 메시지 서비스 광고, 멀티미디어 메시지 서비스 광고, 모바일 검색 광고, 모바일 웹사이트 내 광고, 모바일 앱이나 게임 내 광고 등이 있지요.

'이메일 광고'는 이메일 전체를 광고로 만들거나 이메일의 일부를 광고로 구성하는 광고입니다. 이메일 마케팅은 수신을 원치 않는 수신자에게 수신을 거부할 수 있는 옵션을 제공하거나 수신자의 사전 동의를 받아야 발송하지요. 신제품 정보나 할인 판매 조건, 이벤트 안내 같은 소식을 전합니다.

'콘텐츠 마케팅'은 소비자를 확보하고 유지하기 위해 미디어를 만들고 공유하고 콘텐츠를 게시하는 모든 마케팅을 말합니다. 블로그, 뉴스, 비디오, 전자책, 인포그래픽, 사례 연구, 방법 안내 등 다양한 형식으로 콘텐츠를 만들지요.

📋 토론해 봅시다

1. 광고 관련 직업 중 관심이 가는 직업이 있었나요? 왜 관심을 갖게 됐는지 친구와 이야기해 봅시다.

2. 각 직업에 요구되는 자질 중 자신 있는 것이 있었나요? 무엇이었는지 친구들과 이야기해 봅시다.

3. 광고 회사에 들어가면 앞서 살펴본 직업의 사람들이 모두 어우러져서 일합니다. 각자 다른 업무를 맡은 이들과 원활하게 소통하려면 어떤 자세가 필요할지 이야기해 봅시다.

4

미래 광고의 모습은?

광고의 미래를 보는 두 가지 시선

광고의 미래는 어떤 모습일까요? 세계의 광고 전문가들은 광고의 미래에 대해 두 가지 의견을 말합니다. 전망이 좋다는 쪽과 암울하다는 쪽이지요.

전망이 좋다고 긍정적으로 생각하는 이유는 간단합니다. 세상이 아무리 빠르게 변화해도 기업이나 기관의 활동은 더욱 활발해질 것이기 때문이죠. 인류의 경제 활동이 멈추지 않는 한, 기업과 소비자와의 '소통'은 더욱더 많아질 것입니다. 디지털 기술의 발달이 세상을 평평하게 만들었지요. 새로운 아이디어만 있으면 누구나 창업할 수 있고, 세계 유명 대학의 강의도 무료로 들을 수 있는 시대니까요.

전망이 암울하다고 생각하는 이유는 광고를 힘든 직종으로 여기기 때문이지요. 기획 아이디어를 짜내느라 일하는 시간이 길고, 사회적으로 대우도 잘 받지 못한다는 생각입니다. 정시에 퇴근하고, 의사나 변호사처럼 전문성을 인정받는 직종과 비교하면 그렇습니다.

하지만 저는 광고의 미래가 밝다고 생각합니다. 쉬지 않고 새로운 아이디어를 내야 한다는 것이 커다란 부담이지만, 그것을 인정받았을 때의 기쁨은 말로 표현하기 어렵거든요. 자, 이제 세계의 광고 전문가들과 광고의 미래를 예측해 볼까요?[16]

광고의 미래에 대한 일곱 가지 예측

효율적인 자동화 광고가 대세

첫째, 미래에는 광고가 더욱 자동화될 것입니다. 앞서 소개한 프로그래매틱 광고가 대세이거든요. 특정 소비자에게만 광고할 수 있으니 광고비의 낭비를 미리 막을 수 있지요. 인공지능이 문맥과 메시지를 전달하기 위한 단서들을 읽어낸답니다. 아직 자동화가 완벽하지는 않지만, 앞으로 더 많은 기업이 도입할 것은 틀림없어요. 이전처럼 TV나 신문에 광고를 집행하고 소비자의 반응이 나올 때까지 기다리던 시대는 지났지요. 미국의 미디어 회사인 NBC 유니버설은 타깃에게 적정 가격으로 광고를 노출할 수 있게 해주는 추천 엔진 플랫폼을 통해 광고 구매를 자동화했어요.

하지만 프로그래매틱 광고가 만능은 아닙니다. 효율적인 광고가 효과적인 광고는 아니거든요. 광고에 담아야 할 것들은 결국 사람이 만들어 내야 소비자가 반응합니다. 브랜드 가치, 스토리텔링, 미학적 경험, 좋은 품질의 제품이나 서비스에 관한 정보 같은 것은 인공지능이 아닌 사람이 만들어야 합니다. 광고 비용의 효율이 소비자의 주의를 끌 수는 없는 법이죠.

인공지능으로 만드는 맞춤 광고

둘째, 미래에는 인공지능을 더욱 많이 활용하게 될 것입니다. 인공지능이 인간의 창의력과 통찰력과 융합되어 새로운 광고를 만들어내지요. 시청자의 선호도에 따라 광고에 나오는 성우의 음색을 마음대로 바꾸는 광고도 만들 수 있어요. 금융그룹 씨티(Citi)는 이미 인공지능을 활용해서 고객맞춤 광고를 제작하고 있지요. 일기예보를 보고 있는 시청자에게 날씨와 관련이 있는 맞춤 광고를 제공하는 식입니다.

투명하고 안전하게

셋째, 미래에는 광고가 더욱 투명해지고 안전해질 것입니다. 가짜 뉴스와 거짓 정보가 많은 시대라 광고에 제대로 된 정보를 담아야 하거든요. 또, 앞으로는 브랜드 안전(brand safety)에 더욱 신경 써야 합니다. 만일 누군가가 브랜드에 관해 나쁜 이야기를 만들어내어 퍼트리면 수습하기 어려우니까요. 따라서 세계의 브랜드들은 광고가 가치와 목적에 맞지 않는 메시지와 연관되지 않게 주의를 기울이고 있어요. 광고 플랫폼 제공자들에게 자사의 광고가 나쁜 콘텐츠와 얽히지 않게 해달라고 요구하기도 하지요.

고객에게 특별한 경험을

넷째, 미래에는 소비자들의 경험을 더욱 중요하게 생각할 것입니다. 특별한 경험을 통해 소비자들이 브랜드에 대한 충성도를 유지하게 합니다. 씨티는 매년 비욘세, 레이디 가가 같은 아티스트들을 초청해서 자사 카드 회원들에게 수준 높은 문화적 경험을 제공하지요. 티켓 구매, 전용 라운지 이용, 예술가와의 만남, 무대 뒤 투어 등 독특한 경험도 제공하고요. 그렇게 해서 브랜드에 대한 긍정적인 순간을 만들고, 신용카드 거래보다 더 깊은 감정적 영향을 주는 경험을 제공하는 것입니다.

걸어다니는 광고대행사, 인플루언서

다섯째, 미래에는 인플루언서가 곧 광고대행사 역할을 할 것입니다. 소비자는 기업보다 인플루언서들을 더욱 신뢰합니다. 따라서 브랜드는 그들을 통해 메시지를 전달하여 주목받기를 기다려야 할 상황이 되는 것이지요. 브랜드가 인플루언서들의 손에 달려 있는 셈입니다.

광고가 곧 엔터테인먼트

여섯째, 미래에는 광고가 엔터테인먼트가 될 것입니다. 소비자가 광고 없는 플랫폼으로 이동하면서, 브랜드들은 엔터테인먼트 콘텐츠를 제시할 것입니다. 소비자는 재미있는 콘텐츠를 좋아하며, 그것을 보는 동안 방해받지 않기를 원하지요. 따라서 브랜드는 제품을 바로 팔려고 하지 않고, 오랫동안 소비자가 여행을 하게 해줍니다.

위치 정보를 활용해야

일곱째, 미래에는 위치 정보를 활용한 광고가 많아질 것입니다. 특히 모바일 사용자들을 겨냥한 앱 기반 광고가 더욱 늘어날 것이고 모바일 앱 안에 광고하는 인앱(In-app) 광고와 사용자 위치정보 광고가 늘어날 것입니다. 데이터를 활용하여 개인에게 맞추지 않는 광고는 차단당하거나 그냥 무시되겠지요.

미래의 광고인을 꿈꾼다면

이렇게 커다란 변화를 앞두고 있고, 지금 이 순간에도 변화하고 있는 광고업계에서 미래의 광고인이 되려면 어떻게 해야 할까요? 대답은 간단

합니다. 24시간 나만의 레이더를 켜놓는 것입니다. 시대의 변화는 누가 알려주지 않거든요. 부지런히 검색해 보고 부지런히 물어보고 부지런히 시도해 보는 것이 좋습니다. 저도 30년 이상 광고 공부를 하고 있지만, 혹시 뒤처질까 봐 아침마다 국내 광고 뉴스를 찾아봅니다. 구독 신청을 해놓은 외국의《애드 에이지》나《애드위크(AdWeek)》같은 광고 전문 잡지나 신문도 빼지 않고 읽습니다. 특히 지난 한 주 동안 미국에서, 일본에서, 유럽에서 인기를 얻은 광고들은 꼭 챙겨 본답니다. 여러분도 세상을 향한 레이더를 항상 켜놓으세요.

📑 토론해 봅시다

1. 인플루언서가 광고대행사 역할을 하게 되는 사회는 어떨까요? 장단점을 예상해 봅시다.

2. 광고와 엔터테인먼트가 융합되는 콘텐츠가 많아지고 있지요. 그런 시도가 광고 효과가 있는지 아니면 재미만 주고 마는지에 대해 이야기해 봅시다.

3. 세상에는 광고가 필요한 분야가 많습니다. 예를 들어, 광고와 의학이 만나면 어떤 형태의 미래형 광고가 나올지 이야기해 봅시다.

한국의 '광고 백과사전', 신인섭

광고 인생 60년. 신인섭(1929~)은 현존하는 한국의 광고인 중 가장 오래 일하고 있는 '광고 백과사전'이랍니다. 그는 만일 누가 "광고의 어느 분야에서 일하셨나요?"라고 물으면, "아, 저는 카피라이터, 매체 전문가, 크리에이티브 전문가, 국제 광고 전문가, 광고 역사학자, 광고 교수, 광고 저술가입니다"라고 대답할 것이라고 했죠. 실제로 그는 60년 넘게 광고 업계 전반에서 현역으로 활약하고 있답니다. 상상하기 어렵네요.

그는 1965년 《현대경제일보》(현 《한국경제신문》)에서 광고부장으로 일을 시작해서 국제광고협회 한국지부 창립회원이 되었고, 미국 뉴욕에 회사 주재원으로 갔다가 호남정유(현 GS칼텍스) 금성사(현 LG그룹), 희성산업(현 HSAd), 나라기획, 코래드 등을 거치며 광고업계 전방위에서 일했어요. 1970년에는 클리오국제광고제에서 호남정유 광고로 '한국 최초'

수상을 하기도 했지요. 또 1973년에는 역시 '한국 최초'로 세계에 한국 광고를 소개한 책 『*Advertising in Korea*(한국의 광고)』를 출간했어요. 1973년부터 서강대, 중앙대, 이화여대, 고려대, 연세대 등에서 광고를 가르쳤고, 2009년에 한림대 객원교수로 퇴임했습니다.

그는 90세가 훨씬 넘은 지금도 새벽에 일어나 전 세계의 광고 전문지 14종의 기사를 읽는답니다. 통역장교 출신이라 영어에 능통하고, 어린 시절 일제강점기에 일본어를 배워 국제광고에 누구보다 먼저 눈을 뜰 수 있었습니다. 미국광고학회, 미국PR협회, 일본광고학회 등의 회원이고, 서울카피라이터스클럽의 초대 회장입니다. 또한 그는 한국에서 가장 많은 광고 자료를 갖고 있으며(일부 한림대에 기증), 해외 광고업계 동향 등을 다루는 그의 광고 관련 저술 활동은 현재 아무도 따라갈 수 없어요.

1978년 럭키그룹 광고 '다양한 아침 인사' 편
(카피라이터: 신인섭) 17

1973년 호남정유 해외용 광고 '한글' 편
(카피라이터: 신인섭/Ken Sink) 18

저도 그렇게 열심히 연구하는 광고 백과사전을 따라가기 위해 애를 쓰고 있지요. 우리도 좋아하는 한 분야에서 60년 이상 일하고 공부할 수 있을까요?

신인섭의 말

그는 60년 이상 광고 일을 하며 세계의 광고를 후배들에게 알려주기 위해 여전히 노력하고 있는데요. 그가 평생 광고 공부를 열심히 해야겠다고 생각한 계기를 몇 가지 알려드릴게요.

"1960년대, 우리 광고계에 일본말 잔재들이 많이 남는 것이 문제라 생각해, 일본 광고를 더 공부하기 위해 일본의 《덴츠호》, 《선전회의》, 《브레인》, 《일본신문협회보》 같은 간행물과 전문서적을 탐독하기 시작했다."

"한국 광고사 연구를 위해 인사동 고서점에서 《동아일보》 축쇄판(1920-1928)을 샀다. 《매일신보》 전질 70권을 샀다. 《한성주보》 복사본을 얻고, 『한국신문사』를 탐독했다. 그래서 『한국광고발달사』(1980)를 썼다. 그러다가 공부를 더 하여 『중국의 광고』(1991)와 『일본의 광고』(1993)를 쓰게 됐다."[19]

일하면서 즐거움을 느낄 수 있는 직업, 광고

지금까지 광고에 대한 기본적인 이야기를 나누었습니다. 이전에 듣지 못했던 광고에 관한 새로운 이야기를 조금 더 알게 되었나요?

아시다시피 광고는 많은 전공 분야와 연결되어 있어요. 의학을 공부하면서 광고를 배운다면 의사와 간호사의 입장에서 환자와 더욱 슬기롭게 커뮤니케이션하는 방법을 배울 수 있어요. 공학을 공부한다면 광고에서 인공지능 기술이 어떻게 효과적으로 활용되는지에 관한 아이디어를 구할 수 있지요. 심리학은 광고와 거의 형제입니다. 소비자의 마음을 이해하려면 소비자 행동에 관한 공부를 꼭 해야 하니까요. 광고에서 디자인을 뺄 수 없겠지요. 디자인은 광고의 필수 요소라서 뗄 수 없는 관계거든요. 또 작가가 되려는 사람도 광고에서 도움을 받을 수 있어요. 소설이나 영화의 제목을 광고 카피라이터보다 더 잘 지어낼 수 있을까요?

경계가 없어지는 시대입니다. 이것을 '융합(convergence)'이라 하죠. 이전에는 배우가 노래하면 이상했고, 가수가 연기하면 이상했죠. 피자

에 파인애플을 토핑으로 얹어 먹는 것을 처음 본 이탈리아 미식가들은 기절했을 겁니다.

하지만 지금은 무슨 일이든 잘하는 사람이 하는 시대입니다. 아이디어를 먼저 내서 먼저 실행하고 먼저 결과를 만들어내는 사람이 스타가 되는 시대지요. 여러분도 광고에 대한 기본적인 이야기를 알고 나서 원하는 분야로 진출하면 좋겠어요.

혹시 광고인이 될 생각이 있나요? 늘 새로운 생각이 떠오르고 문제점을 보면 개선하고 싶다는 마음이 생기고 트렌드에 민감하다면, 광고인이 되기에 충분합니다. 광고는 매력적인 직업임에 틀림없어요.

언젠가 《애드 에이지》에서 세계의 광고인들을 대상으로 대규모 설문 조사를 했어요. "만일 당신의 아이가 광고인이 되겠다면 어떻게 하겠는가?"라는 질문을 던졌죠. 많은 광고인들이 댓글을 달았어요. "죽어도 시키지 않겠다. 나 혼자만의 고생으로도 충분하니까" "나는 우리 아이에게 꼭 광고계에서 일하라고 권하겠다" 같은 찬반양론이 끝없이 이어졌어요. 물론 결론은 나오지 않았지요. 정답을 구하고자 한 설문은 아니었으니까요.

필자는 찬성했어요. 그리고 대학교에서 영문학을 전공한 딸에게 광고인이란 직업을 권했지요. 딸은 지금 다국적 광고대행사에서 광고기획자로 일합니다. 만일 광고 일을 하다가 창업을 하거나, 다른 어떤 직종으로 옮겨도 광고는 여러분의 앞길에 큰 도움이 됩니다.

미국의 32대 대통령 프랭클린 루스벨트는 다시 태어난다면 광고인이 되고 싶다고 했어요.

"제가 인생을 다시 시작한다면 다른 어떤 직업보다 광고업에 뛰어들고 싶습니다……. 광고는 지난 반세기 동안 모든 계층의 현대 문명의 수준을 전반적으로 높였습니다. 광고를 통해 더 높은 수준의 지식을 전파하지 않았다면 불가능했을 것입니다."

무엇보다도, 일을 하면서 즐거움을 느낄 수 있는 직업이 바로 광고랍니다. 여러분도 한번 도전해 보세요.

2022년 12월
정상수

부록

매체별 광고 윤리 규정[20]

신문광고윤리강령 [21]

1. 신문 광고는 독자에게 이익을 주고 신뢰받을 수 있어야 한다.
2. 신문 광고는 공공질서와 미풍양속을 해치거나 신문의 품위를 손상해서는 안 된다.
3. 신문 광고는 관계 법규에 어긋나는 것이어서는 안 된다.
4. 신문 광고는 그 내용이 진실하여야 하며 과대한 표현으로 독자를 현혹시켜서는 안 된다.

신문광고윤리실천요강

강령 1에 따라 다음과 같은 사항을 게재해서는 안 된다.

1. 비과학적 또는 미신적인 것
2. 투기, 사행심을 선동하는 내용(단, 당국의 허가를 받은 것은 예외로 한다.)
3. 공인 유권기관이 인정하고 있지 않는 것

강령 2에 따라 다음과 같은 사항을 게재해서는 안 된다.

1. 국가변란의 위험이 있거나 군사, 외교의 기밀에 관한 것
2. 혐오감이나 어떤 욕정을 불러일으키는 음란, 추악, 또는 잔인한 내용
3. 어린이 및 청소년을 대상으로 하는 광고에 그들을 육체적 혹은 도덕적으로 그르치게 할 표현

4. 협박, 폭력 등의 범죄행위를 미화하거나 유발시킬 우려가 있는 내용

5. 미풍양속을 해치거나 공중에게 폐해를 끼칠 우려가 있는 무허가 소개업소(직업, 통신)의 광고 또는 구인, 구혼광고

6. 국기, 애국가 등 국가의 존엄성을 유지해야 할 상징 또는 인물(성현, 위인, 선열 등)을 모독하는 표현

강령 3에 따라 다음과 같이 사항을 게재해서는 안 된다.

1. 공익을 위함이 아니면서 타인 또는 단체나 기관을 비방, 중상하여 그 명예나 신용을 훼손시키거나 업무를 방해하는 내용

2. 프라이버시 침해의 우려가 있는 타인의 성명, 초상을 무단히 사용하는 것

3. 법원에 계류 중이거나 형사사건 용의자의 포폄에 관한 내용

4. 표절, 모방 또는 기타 방법으로 타인의 권리를 침해하는 것

강령 4에 따라 다음과 같은 사항을 게재해서는 안 된다.

1. 허위 또는 불확실한 표현으로 대중을 기만, 오도하는 내용

2. 광고주의 명칭, 주소 및 책임소재가 불명한 것

3. 광고임이 명확하지 않고 기사와 혼동되기 쉬운 편집체제 및 표현

4. 대중의 상품에 대한 지식의 부족이나 어떠한 허점을 악용한 것

5. 사회적으로 공인되지 않은 인허가, 보증, 추천, 상장, 자격증 등을 사용한 것

인터넷신문광고윤리강령[22]

[전문] 인터넷신문은 광고의 건전성 및 신뢰성을 제고하고 이용자 보호를 위해 노력한다. 인터넷신문은 건전한 광고 문화 창달을 위하여 인터넷신문 광고 윤리강령을 제정하고 이를 실천할 것을 결의한다.

제1조 품위 및 신뢰 제고

인터넷신문은 광고의 품위 향상 및 신뢰 제고를 위하여 노력한다.

제2조 이용자 보호

인터넷신문은 이용자를 속이거나 잘못 알게 하는 부당한 광고를 방지하고 이용자에게 바르고 유용한 정보의 제공을 위해 앞장선다.

제3조 아동 및 청소년 보호

인터넷신문은 아동 및 청소년 보호에 유해한 광고표현을 사용하지 않는다.

제4조 가독성 및 편의성 보장

인터넷신문은 광고를 집행함에 있어 이용자의 가독성 및 편의성을 저해해서는 안 된다.

제5조 광고와 기사 구분

인터넷신문은 이용자가 광고와 기사를 혼동하지 않도록 명확하게 구분하여야 한다.

제6조 인권존중 및 차별금지

인터넷신문은 인권을 존중해야 하며 생명경시 표현이나 차별혐오 표현을 광고에 사용하지 않는다.

제7조 법령 준수

인터넷신문은 광고와 관련한 제반 법령을 준수한다.

제8조 권리 보호

인터넷신문은 광고표현에 있어서 타인의 권리를 침해하지 않도록 한다.

보칙

제9조 강령의 효과

이 강령은 정관상의 이후 명칭이 개정되기 전까지는 자율규약과 동일한 효과를 갖는다.

제10조 제·개정

인터넷신문 광고 윤리강령의 제·개정은 서약사의 의견수렴 후에 인터넷신문위원회 이사회의 의결로 정한다.

부칙

(시행) 이 윤리강령은 이사회의 승인을 거쳐 선포한 날로부터 시행한다.

방송광고심의에 관한 규정[23]

제4조(품위 등)

방송광고는 방송의 품위를 유지하기 위하여 시청자의 윤리적 감정이나 정서를 해치는 다음 각 호의 어느 하나에 해당되는 표현을 하여서는 아니 된다.

1. 인간의 존엄성 및 생명을 경시하는 표현

2. 폭력, 범죄, 반사회적 행동을 조장하는 표현

3. 지나친 공포감이나 혐오감을 조성하는 표현

4. 과도한 신체의 노출이나 음란·선정적인 표현

5. 신체적 결함, 약점 등을 조롱 또는 희화화하는 표현

6. 삭제 〈2014.12.30.〉

7. 특정 성을 비하하거나 성적 수치심을 느끼게 하는 표현

8. 신체 또는 사물 등을 활용한 욕설 등의 표현

9. 혐오감이나 불쾌감을 유발할 수 있는 성기·음모 등 신체의 부적절한 노출, 생리작용, 음식물의 사용·섭취 또는 동물사체의 과도한 노출 등의 표현

10. 그 밖에 불쾌감·혐오감 등을 유발하여 시청자의 윤리적 감정이나 정
    서를 해치는 표현

제11조(개인 또는 단체의 동의)

① 다른 사람의 이름이나 초상을 사용한 방송광고에 대해서는 사업자
   가 그 사용에 동의가 있었음을 증명할 수 있어야 한다. 다만, 역사적
   인물의 경우에는 그러하지 아니하다.

제12조(표절금지)

방송광고는 국내외의 다른 광고를 표절하여서는 아니 된다.

제13조(차별금지)

방송광고는 국가, 인종, 성, 연령, 직업, 종교, 신념, 장애, 계층, 지역 등을
이유로 차별하거나 편견을 조장하는 표현을 하여서는 아니 된다.

제16조(비교광고의 기준)

① 방송광고는 경쟁 관계에 있는 상품·용역 또는 기업을 부당한 방법으
   로 비교하여서는 아니 된다.

제17조(실증책임)

시청자에게 중요한 영향을 끼치는 방송광고 중 사실과 관련된 사항에
대해서는 사업자가 시험·조사, 전문가 등의 견해 인용 또는 학술문헌 인용
등 합리적인 근거나 객관적인 자료를 통하여 진실임을 실증하여야 한다.

제18조(진실성)

① 방송광고의 내용은 진실하여야 하며 허위 또는 기만적인 표현을 포함하여서는 아니 된다.

② 방송광고는 소비자를 오인하게 할 수 있는 다음 각 호의 표현을 하여서는 아니 된다.

  1. 성분, 재료, 함량, 규격, 효능 등에 있어 오인하게 하거나 기만하는 내용

  2. 부분적으로 사실이지만 전체적으로 소비자가 오인할 우려가 있는 표현

  3. 삭제 〈2014.1.15.〉

  4. 공신력 없는 단체의 자료 또는 발표내용 등을 인용하는 표현

  5. 난해한 전문용어 등을 사용하여 소비자를 현혹하는 표현

  6. 제조국가 등에 있어서 소비자가 오인할 우려가 있는 표현

  7. 구매·이용 등의 편의성·장점만을 지나치게 부각시키고 그 제한사항은 명확하게 알기 어렵게 하는 표현

③ 방송광고에서 "최고", "최상" 또는 "가장 좋은" 등의 최상급 표현을 사용하는 때에는 다음 각 호의 사항을 준수하여야 한다.

  1. 최상급 표현은 합리적인 근거나 객관적인 자료를 통해 입증되어야 하며, 그 근거 또는 자료를 명확하게 고지하여야 한다.

  2. 최상급 표현의 사용이 특정 부문 또는 특정 기간에만 사실로 인정됨에도 불구하고 다른 부문 또는 전체에 대하여서도 인정되는 것으로 오인하게 하여서는 아니 된다.

  3. 해당 상품 및 용역 등과 직접 관련이 없는 사항을 근거로 해당 상

품 및 용역 등에 대해 최상급 표현을 사용하여서는 아니 된다.

④ 방송광고는 중요한 정보를 생략함으로써 소비자가 오인하게 하여서는 아니 된다.

⑤ 방송광고는 중요한 정보를 지나치게 작은 글자로 자막고지를 하거나 짧은 시간 또는 빠른 속도로 고지하는 등 시청자가 명확하게 알기 어려운 방식으로 고지하여서는 아니 된다. 다만, 라디오방송의 광고와 2분 미만의 방송광고는 예외로 한다.

제19조(실연·실험·조사 등)

실연, 실험, 조사 등을 이용한 방송광고에서는 연출이나 재연 등을 할 경우 그것이 연출이나 재연 등임을 밝혀야 한다. 다만, 시청자가 연출이나 재연 등임을 명백히 알 수 있는 경우에는 그러하지 아니하다.

제20조(추천·보증)

① 방송광고에 사용되는 추천이나 보증은 전체적으로 진실하여야 한다.

제22조(음악)

① 삭제 〈2014.1.15.〉

② 방송광고는 우리나라의 동요(국내에서 동요로 널리 알려져 있는 외국 노래를 포함한다)를 개사하여 사용하여서는 아니 된다. 다만, 비상업적 공익광고에서 사용하는 때에는 예외로 한다.

③ 방송광고는 우리나라의 민요를 개사하여 사용하는 경우 해당 상품명·제조사 등 상품과 관련된 표현이나 상품의 사용을 권장하는 표현

등을 가사에 포함시켜서는 아니 된다.

제23조(어린이·청소년)

① 방송광고는 어린이 및 청소년의 품성과 정서, 가치관을 해치는 표현을 하여서는 아니 되며, 신체가 과도하게 노출되는 복장으로 어린이 및 청소년을 출연시키거나, 어린이 및 청소년이 지나치게 선정적인 장면을 연출하도록 하여서는 아니 된다.

제24조(경품류 및 할인특매)

① 경품류 및 할인 특매에 관한 방송광고는 시행기간 및 내용을 명시하여 소비자에게 구체적인 정보를 제공할 수 있어야 한다.

② 행사에 관한 방송광고에서 경품류 및 사은품을 언급한 경우에는 허위·기만하는 표현을 하여서는 아니 된다.

1) 출처: 1971년 3월, 데이비드 오길비가 빌 필립스 회장에게 보낸 자전적 메모.

2) 출처: David Ogilvy(2002), 『Confessions of an Advertising Man』, New York; Scribner 저자 번역 및 참고.

3) 출처: David Ogilvy(2002), 『Confessions of an Advertising Man』, New York; Scribner 저자 번역 및 참고.

4) 출처: 나카야마 요시오·토다 요스케 저, 오리콤 역, 『CM 플래너 입문』, 오리콤출판, 1996.

5) 출처: 대영박물관(https://www.britishmuseum.org/collection/object/Y_EA24).

6) 출처: Martin Armstrong, "YouTube is Responsible for 37% of All Mobile Internet Traffic", Statista, 2019.03.11.

7) 출처: 민트 트위스트(https://www.minttwist.com/blog/influencer-trends-2021).

8) 출처: 미국광고윤리연구소(https://www.iaethics.org/principles-and-practices).

9) 출처: 방송통신위원회, 「붙임 3) 방송광고 협찬고지 모니터링 기준 설명자료」, 방송통신위원회, 2021.

10) 출처(사례 A, B, C): 로버트 F. 하틀리 저, e매니지먼트(주) 역, 『윤리경영』, 21세기북스, 2006.

11) 출처: 이왕구·류효진, "[월요 인터뷰] '정의란 무엇인가' 저자 마이클 샌델 하버드대 교수", 《한국일보》, 2010.08.22.

12) 출처: 강택우 외 12인, 『주요국별 CSR 정책 및 현지 CSR 사례집』, KOTRA, 2020.

13) 출처: 헬 스테빈스 저, 송도의 역, 『카피 캡슐』, 서해문집, 2010.

14) 출처: 루브르박물관(https://collections.louvre.fr/ark:/53355/cl010062370).

15) 출처: David Ogilvy(1983), 『Ogilvy on Advertising』, London; Prion Books.

16) 출처: Sam Mire, "What Is The Future Of Advertising? 17 Experts Share Their Insights", 《Disruptordaily》, 2019.06.19.; Kate Scott-Dawkins·Mark Syal, 『Advertising in 2030』, Essence, 2020.

17) 출처: 김병희, 『신인섭』, 새로운사람들, 2010.

18) 출처: 앞의 책.

19) 출처: 앞의 책.

20) 출처: 한국언론진흥재단, 인터넷신문위원회, 국가법령정보센터.

21) 1996.04.08. 개정, 한국신문협회·한국신문윤리위원회.

22) 2021.02.03. 개정, 인터넷신문위원회.

23) 2020.12.28. 일부개정, 방송통신심의위원회.

청소년을 위한 광고 에세이

초판 1쇄 2022년 12월 5일
초판 3쇄 2024년 3월 31일

지은이 | 정상수
펴낸이 | 송영석

주간 | 이혜진
편집장 | 박신애 **기획편집** | 최예은 · 조아혜 · 정엄지
디자인 | 박윤정 · 유보람
마케팅 | 김유종 · 한승민
관리 | 송우석 · 전지연 · 채경민

펴낸곳 | (株)해냄출판사
등록번호 | 제10-229호
등록일자 | 1988년 5월 11일(설립일자 | 1983년 6월 24일)

04042 서울시 마포구 잔다리로 30 해냄빌딩 5 · 6층
대표전화 | 326-1600 **팩스** | 326-1624
홈페이지 | www.hainaim.com

ISBN 979-11-6714-054-8